ADRIANI

PAR

GEORGE SAND

1

PARIS
ALEXANDRE CADOT, ÉDITEUR
37, rue Serpente.

1854

ADRIANI

Ouvrages de George Sand.

Adriani	2 vo
Mont-Revêche	4 vo
La Filleule	4 vo
Les Maîtres Sonneurs	4 vo
François le Champi	2 vol
Piccinino	5 vo
Le Meunier d'Angibault	3 vo
Lucrezia Floriani	2 vo
Teverino	2 vo
La Mare au Diable	2 vo

Ouvrages de Paul Duplessis.

Les grands jours d'Auvergne.

Première partie, *Raoul Sforzi*	5 vo
Deuxième partie, *Le gracieux Maurevert*	4 vo

Les Étapes d'un Volontaire.

Première partie, *Le Roi de Chevrières*	4 vo
Deuxième partie, *Moine et Soldat*	4 vo
Troisième partie, *Monsieur Jacques*	4 vo
Le Capitaine Bravaduria	2 vo
Le Capitaz Ramirez	4 vo

Sous presse :

Les Pervertis.
Un monde inconnu.
Le Grand-Justicier du roi.

Ouvrages de Paul de Kock.

Un Monsieur très tourmenté	2 vo
Les Étuvistes	8 vo
La Bouquetière du Château-d'Eau	6 vo

ADRIANI

PAR

GEORGE SAND

1

PARIS
ALEXANDRE CADOT, ÉDITEUR
37, rue Serpente.
—
1854

A MADAME ALBERT-BIGNON

Quand je commence un livre, j'ai besoin de chercher la sanction de la pensée qui me le dicte, dans un cœur ami, non en l'importunant de mon projet, mais en pensant à lui et en contemplant, pour ainsi dire, l'âme que je sais la mieux disposée à entrer dans mon sentiment.

Vous qui avez exprimé sur la scène tant de fortes et touchantes nuances de la passion, vous n'êtes pas seulement à mes yeux une artiste célèbre, vous êtes, comme femme de cœur et de mérite, le meilleur juge des sentiments élevés et chaleureux que je voudrais savoir peindre.

C'est donc à vous que je songe comme au lecteur le plus capable d'apprécier la sincérité de mon essai et d'y porter l'encouragement d'une foi semblable à la mienne. Quand vous lirez ce roman, quand il sera écrit, il est bien certain que l'exécution ne me satisfera pas, et que, comme d'habitude, je n'aurai pas réalisé la conception qui m'apparaît vive et riante au début. C'est pourquoi je veux vous en dédier l'*intention*, qui en fera probablement toute la valeur.

Cette intention, la voici. Si je m'en éloigne, j'aurai mal rempli mon but.

L'amour est l'intarissable thème qui a servi, qui servira toujours, je crois, aux créations du roman et du théâtre. Pourquoi s'épuiserait-il? Il y a autant de manières de comprendre et de sentir l'amour qu'il y a de types humains sur la terre. L'amour du poète, l'amour du savant, l'amour du pauvre et celui du riche, celui de l'homme cultivé et celui de l'ignorant, l'amour sensuel et l'amour idéaliste, tous les amours de ce monde enfin ont chacun sa théorie ou sa fatalité.

Les belles âmes peuvent seules approcher de la plénitude des affections. Je ne les crois pas tellement rares, que leur puissance paraisse invraisemblable.

Cependant, on voit souvent, dans les romans, les grands amours naître dans des types trop exceptionnels ou dans des situations trop particulières. On n'admet pas souvent que l'homme vivant dans le monde et jouissant de toute la manifestation de ses facultés s'attache à un sentiment unique. On choisit les *amoureux* dans la classe des rêveurs, des solitaires, des enthousiastes sans expérience, des natures incomplètes ou excessives. C'est le scepticisme et la raillerie du siècle qui causent souvent cette timidité d'auteur.

Surmontons-la, me suis-je dit, et osons croire ce que beaucoup de sceptiques savent, ce que nous savions nous-même être vrai, au milieu et en dépit des doutes chagrins de la jeunesse : c'est que l'amour n'est pas une infirmité, l'amère ou la pâle compensation de l'impuissance intellectuelle, de l'inaptitude à la vie collective et sociale. Ce n'est pas non plus une virginité tremblante, un appétit violent qui se cache sous les fleurs de la poésie. C'est bien plutôt une maturité jeune, mais solide, de l'esprit et du cœur; une force éprouvée, une plage où les flots montent avec énergie, mais qu'ils n'entraînent pas dans les abîmes.

Quoi qu'il résulte de ce dessein, que ma

plume le trahisse ou le complète, sachez, noble et chère amie, que je l'ai formé en songeant à vous.

GEORGE SAND.

Nohant, septembre 1853.

PREMIÈRE PARTIE

—

CHAPITRE PREMIER

I

Lettre de Comtois à sa femme.

« Lyon, 12 août 18..

» Ma chère épouse, la présente est pour te dire que j'ai quitté le service de monsieur le comte. C'est un homme quinteux qui ne pouvait me convenir, et je l'ai quitté sans regret, je peux dire. Il m'a fait

une scène dans laquelle il m'a dit des mots, et cherché de mauvaises raisons. Mais je suis déjà replacé, et je n'ai pas été seulement une heure sur le pavé. Dans l'hôtel où nous logions, il s'est trouvé un gentilhomme qui cherchait un valet de chambre. Malgré que je ne le connaissais pas et que je n'avais pas le plus petit renseignement sur lui, je me suis présenté pour voir au moins à sa mine si je pourrais m'en arranger. Son air m'est revenu tout de suite, et il paraît que le mien lui a plu aussi, car il s'est contenté de jeter les yeux dessus mon certificat en me disant :
— Je sais que le comte de Milly faisait cas de vous et que vous vous quittez à la suite

d'une vivacité de sa part sur laquelle il ne veut pas revenir. Il m'a dit que vous écriviez lisiblement, que vous mettiez assez bien l'orthographe et que vous aviez l'habitude de copier. Vous me serez donc utile et je vous prends pour le prix qu'il vous donnait : je ne me souviens plus du chiffre, rappelez-le moi.

» Là-dessus, me voilà engagé, car puisque mon nouveau maître connaît mon ancien, chose que j'ignorais, ça ne peut être qu'un homme comme il faut, et, à sa garde-robe de voyage, éparpillée dans sa chambre, ainsi qu'à ses bijoux et à la manière dont les gens de l'hôtel le servaient, j'ai bien vite vu qu'il était passablement riche, ou qu'il savait vivre en homme du monde. J'ai bien demandé aussi dans la maison, mais on m'a dit qu'on ne le connaissait pas autrement, et qu'il se faisait appeler monsieur d'Argères tout court.

» Ça m'a bien un peu contrarié, parce que c'est pour la première fois que je sers une personne sans titre. Mais j'ai dans mon idée que c'est une fantaisie qu'il a peut-être de cacher le sien, car je me connais en gens de qualité, et je l'assure que jamais je n'ai vu une plus belle tournure et de plus jolies manières. En outre, il paraît très doux et fait l'avance de mes déboursés. Enfin, je pense que je n'aurai pas de désagrément avec lui. Nous avons quitté Genève, et, à présent, nous sommes à Lyon, d'où je t'écris ces lignes pour te dire que je me porte bien et que je ne sais pas encore où nous allons. Tout ce que monsieur m'a dit, c'est que nous serions à Paris dans deux mois au plus tard. Ne sois donc pas en peine de moi, et écris-moi des nouvelles de nos enfants, et si tu es toujours contente de la maison où tu es. Je te ferai savoir bientôt où il faudra m'adresser ça. Je ne te donnerai pas grands détails, mais tu les auras plus tard sur mon journal, que j'ai toujours l'habitude de tenir jour par jour pour mon amusement et pour l'utilité de ma mémoire.

» Adieu donc, ma chère Céleste; je t'embrasse de toute l'amitié que je te porte, ainsi que ta sœur et notre petite famille.

» Ton mari pour la vie,

» COMTOIS. »

Journal de Comtois.

Lyon 15 août 18..

Me voilà, comme dans un roman, au service d'un homme que je ne connais pas du tout, et qui me mène je ne sais pas où.

Monsieur ne reçoit pas de lettres dont je puisse voir l'adresse. Il va les prendre lui-même à la poste, bureau restant. Il sort et voit du monde dehors ; mais il ne reçoit personne à l'hôtel, et paraît très occupé à lire ou à marcher dans sa chambre, le peu de temps qu'il y reste dans la journée. Il se nourrit bien ; ses habits sont d'un bon tailleur, et il se chausse on ne peut pas mieux. Il parle peu, et ne commande rien qu'avec honnêteté. Il ne paraît pas porté à l'impatience, ni à aucun autre défaut, si ce n'est que je lui crois peu d'esprit. C'est un fort bel homme, qui n'a pas plus de vingt-cinq à trente ans. Il a la barbe et le cheveu superbes, et prononce si bien, qu'on entend tout ce qu'il dit, même quand il parle très bas. C'est un grand avantage pour le service; mais il dit les choses en si peu de paroles, qu'on voit bien qu'il manque d'idées.

19 août, Tournon.

Nous voilà dans une petite ville au bord du Rhône, soit que monsieur y ait des affaires, soit qu'il lui ait pris fantaisie de s'arrêter ici. Nous sommes venus par le vapeur. Monsieur y a causé avec des personnes qui le connaissaient sans doute; mais comme il faisait un grand vent, je n'ai pu entendre comment et de quoi on lui parlait, à moins de m'approcher avec indiscrétion, ce qui serait mauvaise société. J'ai vu que les messieurs qui parlaient à monsieur étaient distingués. Je n'ai pas pu me permettre de les interroger.

Monsieur m'a prié, ce soir, de lui faire du café. Il l'a trouvé bon et s'est enfermé pour écrire ou pour lire, je ne sais pas.

20 août.

Me voilà toujours dans cette petite ville, attendant que monsieur soit rentré. Il a pris un bateau ce matin, et j'ai entendu que c'était pour une promenade.

J'ai eu de l'humeur parce que, voyant que j'allais être seul toute la journée et m'ennuyer dans un endroit qui n'est guère beau, j'ai demandé à monsieur si nous y resterions longtemps.

— Pourquoi me demandez-vous cela? qu'il m'a dit d'un air indifférent.

Je me suis enhardi à lui dire que c'était pour pouvoir recevoir des nouvelles de ma famile, et que, si je savais où nous allions, je donnerais mon adresse à ma femme.

— Tiens, monsieur Comtois! qu'il a dit, vous êtes marié?

— Oui, monsieur le comte, que je me suis hasardé à lui répondre.

— Pourquoi m'appelez-vous monsieur le comte ?

Et alors moi :

— C'est par l'habitude que j'avais avec mon ancien maître. Si je savais comment je dois parler à monsieur...

— Et vous avez des enfants, peut-être?

— J'en ai trois, deux garçons et une demoiselle.

— Et où est votre famille?

— A Paris, monsieur le marquis.

— Pourquoi m'appelez-vous monsieur le marquis?

— Parce que mon avant-dernier maître...

— C'est bien, c'est bien, qu'il a dit; je vous apprendrai où nous allons quand je le saurai moi-même.

Là-dessus, il a tourné les talons et le voilà parti. Je ne sais pas si c'est un original qui ne pense pas à ce qu'il fait, ou s'il a eu l'idée de se moquer de moi, mais je commence à être inquiet. On voit tant d'aventuriers sur les chemins, que j'aurais bien pu me tromper sur sa mine de grand seigneur. Il faudra que je l'observe de près. Ce n'est pas tant pour le risque à courir du côté des gages que pour la honte d'être commandé par un homme sans aveu. Il y a du monde fait pour commander aux domestiques, mais il y en a aussi qui mériteraient de servir ceux qui servent, et c'est une grande mortification d'être dupé par ces canailles-là.

Mauzères, 22 août.

Nous voilà dans un joli château, ou

plutôt une jolie maison de campagne, chez un ami de monsieur, qui est auteur et baron. Ce n'est pas très riche, mais c'est confortable, comme disait mon milord, et la manière dont on a reçu monsieur, ce soir, me raccommode un peu avec lui. Il était temps, car il me donnait bien des doutes. Et puis, c'est un homme qui a l'esprit superficiel, qui n'a aucune conversation avec les gens, et qui est si distrait par moments, que les talents qu'on a sont en pure perte. Il n'y fait pas seulement attention, et sa politesse n'a rien de flatteur.

Je n'ai pourtant rien pu savoir de lui

par les gens de la maison. Ils sont tous du pays et ne le connaissent pas. C'est d'ailleurs des gens fort simples et sans éducation qui leur facilite de causer.

Je saurai demain à quoi m'en tenir, car je servirai à table. Ce soir, j'avais un grand mal de dents, et monsieur m'a dit : « Reposez-vous, Comtois. » C'est ce que je vas faire.

Narration.

L'espoir de M. Comtois fut trompé. Il servit à table le lendemain ; mais le baron de West s'était absenté. M. d'Argères n'avait pas l'habitude de parler seul en mangeant : aussi Comtois ne fut-il pas plus avancé que le premier jour.

Le baron de West était effectivement un littérateur assez distingué. Il paraît qu'il regardait son hôte comme un excellent juge, car il le reçut à bras ouverts et se fit une fête de le garder toute une semaine. Une lettre reçue dès le matin du second jour, le forçant d'aller passer vingt-quatre heures à Lyon pour des affaires importantes, il lui fit donner sa parole d'honneur qu'il l'attendrait et se constituerait maître de la maison en son absence.

D'Argères ne se fit guère prier, bien qu'il ne fût pas étroitement lié avec son hôte. Il savait qu'en usant et abusant au besoin de son hospitalité, il pourrait toujours considérer le baron comme son obligé. Le baron voulait lui lire un manuscrit, et l'on verra plus tard combien il lui importait que d'Argères en goûtât le fond et la forme, et s'associât complétement à la pensée qui avait dicté cet ouvrage.

Lettre de d'Argères.

« Château de Mauzères, par Tournon (Ardèche).

» Mon bon camarade, sache enfin où je

suis. J'ai bien employé mon temps de repos et de liberté. J'ai parcouru la Suisse, j'ai gravi des glaciers, je ne me suis rien cassé. J'ai laissé pousser ma barbe, je l'ai coupée; je n'ai rien lu, rien écrit, rien étudié. Je n'ai pensé à rien, pas même aux belles Suissesses, qui, par parenthèse, ne sont belles que de santé et montrent de grosses vilaines jambes au bout de leurs jupons courts. Je suis revenu par Genève et Lyon. J'ai renvoyé Claudius qui me volait, j'ai pris un domestique qui ne fait que m'ennuyer par sa figure de pédant. Je me suis mis en route pour la Méditerranée, et je m'arrête chez notre baron, qui se trouve sur mon chemin. J'y suis seul pour le moment, et je ne m'en plains pas. C'est toujours le plus galant homme du monde mais quand il m'a parlé beaux-arts et qu'il m'a montré ses cahiers, j'ai eu bien de la peine à cacher une grimace abominable. Il faudra pourtant s'exécuter, entendre, juger, promettre. Ce ne sera certainement pas mauvais, ce qu'il va me lire, mais ce serait du Virgile tout pur, que ça ne vaudra pas les arbres, le soleil, le mouvement, l'imprévu, enfin le délicieux *rien faire*, si rare et si précieux dans une vie agitée et souvent assujétie.

» J'ai encore deux jours de répit, parce qu'il a été forcé de s'absenter, et j'en vas profiter pour m'abrutir encore un peu à la chasse. Mais je t'entends d'ici me dire : « Pourquoi chasser? Pourquoi se donner un prétexte, quand tu as le droit et le temps de battre les bois et de t'égarer dans les sentiers? » Tu as bien raison. C'est lourd, un fusil, et ça ne tue pas; du moins je n'en ai jamais rencontré un qui fût assez juste pour moi. Peut-être qu'il y en a un dans l'arsenal du baron, mais j'ai si peu de nez que je ne saurais jamais mettre la main dessus.

» — Parlons de nos affaires. Tu placeras comme tu l'entendras, etc. »

Nous supprimons cette partie de la lettre de d'Argères, qui ne contenait qu'un détail d'intérêts matériels, et nous passerons au journal de Comtois.

Journal de Comtois.

Mauzères, 23 août.

J'éprouverai ici beaucoup d'ennuis si ça continue. Monsieur m'avait dit qu'il me ferait copier, et il ne me donne rien à faire. Sans doute qu'il a un emploi quelconque à Paris, mais, en attendant, il fait tout seul sa correspondance, et, autant que j'en peux juger, elle n'est pas conséquente. Il est fumeur et flâneur. Il a toujours l'air de rêver, et je crois qu'il ne pense à rien. Il se sert lui-même, ce qui me donne l'idée qu'il est égoïste et ne veut dépendre de personne. Le pays où nous sommes est fort vilain. On y perd ses chaussures. C'est un désert où il n'y a que des rochers, des bois, des eaux qui tombent des rochers, et pas une âme à qui parler, car il règne dans le pays une espèce de patois, et les gens sont tout à fait sauvages.

La maison est agréable et bien tenue. Le vin est rude. Le cocher est très grossier. M. de West est assez riche et fait des ouvrages pour son plaisir. On dit qu'il y met beaucoup d'amour-propre. Sans doute que monsieur se mêle d'écrire aussi, car le valet de chambre m'a dit que son maître lui avait dit : « Vous me donnerez des conseils. » Mais je ne crois pas monsieur capable d'écrire avec esprit. Il aime trop à courir, et d'ailleurs il parle trop simplement.

C'est toujours un travers de vouloir écrire après M. Helvétius, M. Voltaire et M. Pigault-Lebrun, qui ont fait la gloire de leur siècle. Tout ce qui peut être écrit a été écrit par des gens très illustres, et comme disait une dame de beaucoup de talent, dont je faisais les lettres à ses amis, il n'y a plus rien de nouveau à imprimer. Au moins si ces messieurs s'occupaient de politique ! C'est un horizon qui change et qui vous présente toujours du neuf. Mais pour juger la politique, il faut aller à la cour, et je ne crois pas que monsieur soit assez considérable pour y être reçu. Le mieux, c'est de cultiver la philosophie quand on a le moyen. Ce serait mon goût si j'avais des rentes, et si ma femme ne dépensait pas tout.

Narration.

Pendant que M. Comtois regrettait de

ne pouvoir être philosophe, son maître se promenait. Il revenait, à l'entrée de la nuit, en compagnie d'un garde-chasse qu'il avait rencontré et qui lui était fort utile pour retrouver le chemin du manoir de Mauzères, lorsqu'en passant au bas d'un petit coteau couvert de vignes, il remarqua une faible lueur qui blanchissait ce court horizon.

— Est-ce la lune qui se lève? demanda-t-il à son guide.

Le guide sourit.

— Je ne crois pas, dit-il, que la lune se lève du côté où le soleil se couche.

— C'est juste, dit d'Argères en riant tout à fait de son inattention. Qu'est-ce donc que cette clarté ?

— Ce n'est rien. C'est une maison qui est par là, tout juste au revers du coteau. C'est la maison de *la Désolade*.

— *Désolade?* voilà un nom bien triste.

— Dame, c'est un nom qu'on lui a donné comme ça dans le pays, à cause de la pauvre dame qui y reste. C'est une jeune femme très jolie, ma foi, qui a perdu son mari après six mois de mariage et qui ne peut pas se consoler. Elle est malade et comme égarée par moments. On a même peur qu'elle ne devienne folle tout à fait.

— Attendez! reprit d'Argères, qui, en suivant son guide sur le sentier, s'était un peu rapproché de la demeure invisible, je crois que j'entends de la musique.

Ils s'arrêtèrent et firent silence. Une voix de femme et un piano sonore faisaient entendre quelques sons, emportés à chaque instant par la brise. Dans les membres de phrase qui parvinrent à l'oreille exercée de d'Argères, il reconnut l'air admirable du gondolier dans *Otello*,

Nessun maggior dolore, etc.

« Il n'est pas de plus grande douleur que de se rappeler le temps heureux dans l'infortune. »

D'Argères, avec son air insouciant et son besoin momentané d'oublier l'art, était artiste de la tête aux pieds. Il fut vivement impressionné par ces trois circonstances : le nom de *Désolade* donné à la maison ou à la personne qui l'habitait, le choix de la chanson, et la voix, l'accent de la chanteuse, qui, soit en réalité, soit par l'effet de la distance, exprimait avec un charme infini la plainte d'une âme brisée. Un moment il faillit laisser là son guide et courir vers cette maison, vers cette plainte, vers cette femme; mais il fut retenu par la crainte de voir une folle. Il avait, pour le spectacle de l'aliénation, cette peur douloureuse qu'éprouvent les imaginations vives.

D'ailleurs, il était harassé de fatigue, il mourait de faim; et après tout, se dit-il, je n'ai plus dix-huit ans pour rêver l'honneur, souvent trop facile, de consoler une veuve inconsolable.

Il retourna donc au manoir très philosophiquement. Néanmoins, il ne se sentit plus disposé à interroger le garde-chasse. Il lui semblait que la prose de ce bonhomme ferait envoler la rapide impression poétique qu'il venait de recueillir.

Journal de Comtois.

24 août.

Monsieur est beau chanteur, car, en se couchant, il lui a pris fantaisie de répétailler un air italien, qu'il dit, ma foi, aussi bien que les bouffons du théâtre de Paris. Je lui en ai fait la remarque, ce qui était un peu déplacé ; mais c'était exprès pour voir si je le ferais causer. Il m'a regardé comme si je le sortais d'un rêve, m'a ri au nez et n'a pas lâché une parole. J'ai bien vu par là que monsieur est bête;

CHAPITRE DEUXIÈME

II

Narration.

D'Argères, s'étant beaucoup fatigué en subissant les fréquentes souffrances des organisations nerveuses, dormit peu et mal. Il eut un rêve obstiné qui lui fit entendre à satiété la romance du gondolier, et qui fit passer en même temps devant lui l'image, à chaque instant transformée, de la *désolée*. Tantôt c'était un ange du ciel, tantôt une péri, une fée ou un monstre.

Lassé de ce malaise, il se leva avec le jour et prit machinalement le chemin de la maison dont il avait aperçu la lueur aux premières clartés des étoiles. Je veux tâcher de savoir, se disait-il, si c'est vraiment une folle qui chantait si bien. Dans ce cas, je m'éloignerai toujours de cet endroit, je ne passerai plus par ce sentier. Je me suis toujours figuré que la folie était contagieuse pour moi, et ce que j'ai éprouvé cette nuit, me fait croire que j'ai une prédisposition... Il se trouva au sommet du coteau de vignes et au niveau du toit de la maison qui s'élevait ou plutôt s'abaissait devant lui sur les terrains inclinés en sens contraire.

Le jour commençait à blanchir le paysage et mêlait ses tons roses aux tons bleuâtres de la nuit. Les terrains environnants, largement arrosés d'eaux courantes, exhalaient des masses de brume argentée qui donnaient une apparence fantastique à toutes choses. Les ondulations du sol, exagérées par ces vapeurs flottantes, semblaient s'ouvrir en profondeurs immenses, et, dans toutes ces formes douteuses, l'imagination pouvait voir des lacs à la place des prairies, des précipices où il n'y avait que de paisibles vallées.

Au premier abord, le site parut splendide à notre voyageur. En réalité, c'était un ensemble de lignes douces et de détails charmants comme il s'en trouve partout, même dans les pays les plus largement accidentés.

A mesure qu'on descend le Rhône, après Lyon, on parcourt une série de tableaux d'une apparence grandiose. Des monts dont la situation au bord des flots rapides, les formes hardies et les tons tranchés, tantôt blancs comme des ossements polis, tantôt sombres sous la végétation, augmentent l'importance et rendent l'aspect menaçant ou sévère ; des pics déchiquetés, couronnés de vieilles forteresses qui se profilent sur un ciel déjà bleu et dur comme celui de la Méditerranée; des vallées largement échancrées et qui s'abaissent majestueusement vers le rivage, tout paraît imposant dans ce panorama du fleuve qui vous rapproche de la Provence.

Mais, derrière cette ceinture de rochers, la nature, tout en conservant dans son ensemble l'âpre caractère des bouleversements volcaniques, offre mille recoins charmants où l'on peut vivre en pleine idylle; des prairies verdoyantes, des châtaigniers aussi beaux que ceux du Limousin, des noyers aussi ronds que ceux de la Creuse, enfin des pampres et des buissons sous lesquels disparaissent les antiques laves et les sombres basaltes dont le sol est semé.

Dans les vallées qui s'ouvrent sur le Rhône, passent des vents terribles ou tombent des soleils brûlants; mais, à mesure qu'on remonte le cours des rivières qui s'épanchent dans le fleuve, on s'élève, vers les Cévennes, dans une atmosphère différente, et, en une journée de voyage, on pourrait, du fleuve à la montagne, quitter une région brûlante pour une tout à fait froide, et un soleil de feu pour des neiges presque éternelles.

C'est entre ces deux extrêmes, dans une des plus fertiles parties du Vivarais, que se trouvait notre voyageur, et le vallon qui s'offrait à ses regards était riant et paisible. Pourtant, du point où il se trouvait placé, outre les caprices de la brume qui transformait tous les objets, les premiers plans conservaient le caractère étrange et rude qui est propre aux lieux bouleversés par les premiers efforts de la formation terrestre. Par un de ces accidents géologiques qui se rencontrent souvent, le coteau des vignes se déchirait brusquement à son sommet, et la maison de la *Désolade*, adossée à cette déchirure s'appuyait sur une terrasse naturelle de roches volcaniques assez escarpée. Une pente rapide, semée de débris et, pour ainsi dire, pavée de scories, conduisait de l'habitation à la prairie, traversée de ruisseaux grouillants et semée de belles masses d'arbres. D'autres vignobles garnissaient les coteaux environnants qui se relevaient vite vers le nord et enfermaient le ciel dans un cadre d'horizons de peu d'étendue. C'était une retraite naturelle et comme un grand jardin fermé de grands murs que cette vallée gracieuse, entourée de collines riantes, dont les flancs abrupts se montraient pourtant çà et là sous la verdure, et semblaient dire : Restez ici, c'est un paradis, mais n'oubliez pas que c'est une prison.

Telle fut, du moins, l'impression de d'Argères, et la tristesse le saisit au milieu de son admiration. L'aspect de la demeure située immédiatement sous ses pieds n'y contribua pas peu. C'était une de ces petites constructions indéfinissables que des transformations successives ont rendu mystérieuses en les rendant contrefaites. Le vrai nom de cette maison était le *Temple*, dénomination répandue à foison dans tous les coins et recoins de la France, l'ordre des Templiers ayant possédé partout et bâti partout. J'ignore si cette propriété avait eu de l'importance et si le petit bâtiment auquel la tradition avait conservé son nom solennel était le corps principal ou le dernier vestige de constructions plus étendues. La base massive annonçait des temps reculés. Le premier étage signalait l'intention de quelques embellissements au temps de la Renaissance; le sommet, couronné de lourdes mansardes en œil-de-bœuf à mascarons éraillés du temps de Louis XIV, formait un contraste absurde; mais ces disparates se fondaient, autant que possible, dans un ton général de gris verdâtre et sous des masses de lierre qui annonçaient l'abandon dans le passé, l'indifférence dans le présent.

Le jardin qui entourait la maison et ses minces dépendances, à savoir un pigeonnier sans pigeons, une cour sans chien et une basse-cour sans volailles, avec quelques hangars vides et des celliers en ruines, était assez vaste et bien planté. Des roses et des œillets y fleurissaient encore avec beaucoup d'éclat dans des corbeilles de gazon desséché. Quelque prédécesseur, moins apathique que la *désolée*, avait soigné ces allées et planté ces bosquets; mais ils étaient à peu près livrés à eux-mêmes sous la main d'un vieux paysan qui cultivait des légumes dans les carrés, et qui, n'ayant aucune prétention à l'horticulture, venait là une ou deux fois par semaine donner un coup de bêche et un regard, quand il n'avait rien de mieux à faire. L'herbe poussait donc au milieu du sable des allées, et, le long des murs, les gravats et le ciment écroulés blanchissaient l'herbe. Les branches, chargées de fruits, barraient le passage, les fruits jonchaient la terre, l'eau était verte dans les bassins. La bourrache et le chardon s'en donnaient à cœur joie d'étouffer les violettes ; les fraisiers *traçaient* autour d'eux d'une manière véritablement échevelée, étendant, à grande distance de leurs pieds touffus, ces longues tiges qui se replantent d'elles-mêmes et forment d'immenses réseaux improductifs quand on les abandonne à leur folle santé.

D'Argères vit tout cela en faisant le tour de l'établissement. Il put même entrer dans le jardin qui n'avait pas de porte et dont la clôture avait disparu en beaucoup d'endroits. Le jour se fit tout à fait, et le soleil parut, sans qu'aucun bruit troublât dans la maison ou dans l'enclos le morne silence de la désolation.

L'espèce de curiosité qui poussait d'Argères à cet examen ne put lutter contre l'accablement d'une journée de fatigue et d'une nuit sans sommeil, augmenté du sentiment d'horrible ennui que distillait pour ainsi dire le lieu où il se trouvait. Assis sur les débris informes de statues antiques que quelque propriétaire, à moitié indifférent, avait fait poser sur le gazon dans un angle du jardin, il se promit de s'en aller sans chercher à voir personne. Mais, en se levant, il se trouva en face d'une vieille femme qu'il n'avait pas entendue venir.

C'était une camériste prétentieuse, communicative, assez dévouée pour supporter l'ennui de ce séjour, pas assez pour ne pas s'en plaindre au premier venu. Un étranger, un passant, un être humain quel qu'il fût, était une bonne fortune pour elle, et loin de signaler le délit d'indiscrétion où d'Argères s'effrayait d'être surpris, elle l'accueillit avec toutes les grâces dont elle était encore capable.

Elle avait été jolie; elle était mise avec aussi peu de recherche que le comportaient l'abandon d'une telle retraite et l'heure matinale, et pourtant son jupon de soie usé n'avait pas une tache, et sa camisole blanche était irréprochable. Ses cheveux blonds, qui tournaient au gris jaunâtre, étaient bien lissés sous sa cornette de nuit. Elle avait de longs doigts blancs et pointus qui sortaient de gants coupés et qui décelaient, par leur forme particulière, la femme curieuse, vivant de projets, et portée à l'intrigue par besoin d'imagination. Cette femme, frottée aux lambris et aux meubles où s'agite le monde, avait une apparence de distinction qui pouvait abuser pendant quelques instants. D'Argères y fut pris, et, croyant avoir affaire à une mère, il se leva et salua très respectueusement, bien que cette figure flétrie et problématiquement rosée dès le matin lui parut assez hétéroclite.

Antoinette Muiron (c'était son nom, que sa jeune maîtresse abrégeait en l'appelant Toinette depuis l'enfance) avait élevé mademoiselle de Larnac avec une véritable tendresse. Romanesque sans intelligence, remuante, nerveuse, coquette sans passion, amoureuse sans objet, Toinette était devenue vieille fille sans trop s'en apercevoir. Elle avait oublié de vivre pour elle-même, à force de vouloir faire vivre les autres à sa guise. C'était une bonne et douce créature au fond, car son idée fixe était d'*arranger* le bonheur des êtres qu'elle chérissait et soignait sans relâche. Mais cette prétention la rendait obsédante, et elle exerçait une sorte de tyrannie secrète et cachée, sur quiconque n'était point en garde contre ses innocentes et dangereuses insinuations.

D'Argères apprit bien vite, et presque malgré lui, tout le roman de la *désolée*. Mademoiselle Muiron, frappée du bon air et de la belle figure de cet auditeur inespéré, s'empara de lui comme d'une proie. Elle était de ces personnes qui, sans avoir beaucoup de jugement, ont une certaine pénétration superficielle. Dès le premier salut échangé avec lui, elle comprit fort bien que l'inconnu éprouvait un secret embarras et ne cherchait qu'une échappatoire pour se dérober bien vite au reproche qu'il méritait. Ce n'était pas le compte de la bonne Muiron. Elle alla au devant de ses scrupules et lui fournit, avec une rare présence d'esprit, le prétexte qu'il eût en vain cherché pour motiver sa présence à pareille heure dans le jardin.

— Monsieur était curieux de voir nos antiques? lui dit-elle d'un air prévenant. Oh mon Dieu! nous ne les cachons pas, et je voudrais qu'ils méritassent la peine qu'il a prise d'entrer ici.

D'Argères, frappé de la jolie et facile prononciation de celle qu'il s'obstinait à prendre pour une mère, crut voir une épigramme bien décochée dans cette avance naïve, et se confondit en excuses.

— En effet, dit-il, en jetant un regard sur les torses brisés qui lui avaient servi de siéges et dont il ne se souciait pas le moins du monde, — je suis amateur passionné... occupé de recherches... et fort distrait de mon naturel. Je n'aurais pas dû me permettre, chez des femmes... Entrer ainsi, je suis impardonnable... Je me retire désolé.

— Mais non, mais non! s'écria Toinette en lui barrant le passage de l'allée étroite dans laquelle il voulait s'élancer; restez et regardez à votre aise, monsieur! Il paraît que c'est très beau, quoique bien abîmé. Moi, je n'y connais rien, je le confesse, mais ce sont des curiosités. C'est le grand-oncle de madame de Monteluz, un homme instruit, qui demeurait ici autrefois, et qui avait recueilli cela aux environs. Il paraît que c'est du temps des Romains.

— Oui, en effet, c'est romain, dit d'Argères d'un air capable dont il riait en lui-même.

— Il y en a qui prétendent que c'est même du temps des Gaulois.

— Ma foi, oui, reprit d'Argères, ça pourrait bien être gaulois !

— Si monsieur veut les dessiner...

— Oh ! je craindrais d'abuser...

— Nullement, monsieur ; madame n'est pas levée et vous ne gênerez personne.

D'Argères comprenant enfin qu'il n'était pas en présence d'une autorité supérieure, se sentit tout à coup fort à l'aise.

— Merci, dit-il un peu brusquement, je ne dessine pas.

— Ah! je comprends, monsieur écrit!

— Non plus, je vous jure.

— Sans doute, sans doute! écrire sur des choses si peu certaines... Monsieur a le goût des collections? monsieur se compose un musée?...

— Pas davantage.

— Ah! monsieur a bien raison, c'est ruineux; monsieur se contente d'être savant et de s'y connaître, c'est le mieux, bien certainement.

Oui-dà, pensa le voyageur, je suis

venu ici par curiosité, mais voici une suivante qui veut m'en punir en exerçant la sienne sur moi avec usure ! Et comme il ne répondait pas, Toinette reprit :

— Monsieur est de Paris, cela se voit.

— Vous trouvez ?

— Cela se sent tout de suite. L'accent, l'habillement... Oh! certainement, vous n'êtes pas un provincial. Monsieur est en visite probablement chez le baron de West? C'est à deux pas d'ici. C'est un homme fort honorable, d'un âge mûr, et qui serait pour madame un bon voisin et un véritable ami, j'en suis sûre, si elle ne s'obstinait pas à ne recevoir personne.

Après tout, pensa encore d'Argères, puisque je suis venu pour savoir à quoi m'en tenir sur l'état mental de cette voisine, et qu'il m'est si facile de me satisfaire, pourquoi ne contenterais-je pas cette babillarde de soubrette en l'écoutant? Questionner et répondre sont un seul et même plaisir pour ces sortes de natures. — Comment appelez-vous votre maîtresse? dit-il d'un ton doucement familier, en se rasseyant sur les blocs de marbre.

Toinette, charmée du procédé, ne se le

fit pas demander deux fois, et s'asseyant aussi sur une grosse boule qui avait bien pu représenter la tête d'un dieu :

— Mais je vous l'ai déjà nommée! s'écria-t-elle : c'est madame de Monteluz!

— Qui était mademoiselle de...? fit d'Argères de l'air d'un homme qui connaît toutes les femmes du grand monde et qui cherche à se remémorer.

— C'était mademoiselle Laure de Larnac.

— Une famille languedocienne? Tous les noms en ac...

— Oui, monsieur, languedocienne d'origine ; mais depuis longtemps les Larnac étaient fixés en Provence, du côté de Vaucluse. Un beau pays, monsieur! les amours de Pétrarque! Et des propriétés! madame a là un château... Si elle voulait l'habiter, au lieu de cette affreuse masure, de ce pays sauvage! De tout temps, monsieur, les Larnac ont fait honneur à leur fortune. Les Monteluz aussi, car ce sont deux familles d'égale volée. Il y a eu un marquis de Monteluz, grand-père du marquis dont madame est veuve, qui n'allait jamais à Paris et à la cour, par conséquent, sans dépenser...

— Quel âge avait le mari de madame?

demanda d'Argères, qui craignit une généalogie.

— Hélas! monsieur, vingt ans! l'âge de madame. Deux beaux, deux bons enfants qui avaient été élevés ensemble! Ils étaient cousins Germain. Les Larnac et les Monteluz...

— Et madame a maintenant?...

— Vingt-trois ans, monsieur, tout au juste. Monsieur le marquis n'a vécu que six mois après son mariage. Il s'est tué à la chasse... un accident affreux. En sautant un fossé, son fusil...

— Pourquoi diable allait-il à la chasse? dit brusquement d'Argères; après six mois de mariage, il n'était donc déjà plus amoureux de sa femme?

— Oh! que si fait, monsieur! Amoureux comme un fou, comme un ange qu'il était, le pauvre enfant!

— Alors il était bête, dit d'Argères, entraîné fatalement par je ne sais quel instinct de jalousie à dénigrer le défunt.

— Non, monsieur, reprit Toinette. Il n'était pas bête, il savait se faire aimer.

Elle fit cette réponse sur un ton moitié

sublime, moitié ridicule, qui était toute l'expression de son âme naïve et rusée, de son caractère *poseur* et sincère en même temps; puis elle continua en baissant la voix d'une manière confidentielle :

— Il n'avait pas reçu une éducation bien savante. Il avait fort bon ton : les gens de naissance sucent le savoir-vivre avec le lait de leurs mères ; mais il avait fort peu quitté sa province, et mademoiselle de Larnac eût pu choisir un mari plus brillant, plus cultivé, plus semblable à elle, mais non pas un plus galant homme ni un cœur plus généreux. Ils avaient été élevés ensemble, je vous l'ai dit, sous les yeux de madame de Monteluz et sous les miens, car mademoiselle fut orpheline dès l'âge de quatre à cinq ans, et madame sa tante fut sa tutrice avant de devenir sa belle-mère. Nous vivions dans ce beau château près de Vaucluse, où la marquise vint se fixer, et les deux enfants étaient inséparables. Octave était si doux, si complaisant, si grand, si fort, si beau, si bon! Quand mademoiselle eut douze ans, malgré qu'elle fût l'innocence même, et qu'elle parlât de son petit mari avec la même idée qu'une sœur peut avoir pour son frère, madame de Monteluz me dit : « Ma chère Muiron, ces enfants s'aiment trop. Voici le moment où cette amitié peut nuire à leur repos, à leur raison, à ma réputation même. Laure étant plus riche que mon fils, on ne manquera pas de dire que je l'élève dans la pensée de faire faire un bon mariage à Octave et que je l'accapare à notre profit. Il faut qu'elle passe quelques années au couvent, loin de nous, qu'elle apprenne à se connaître, à s'apprécier elle-même. Quand elle sera en âge de se marier, elle n'aura pas été influencée, car elle aura eu le temps d'oublier; elle sera libre, et si, alors, elle aime encore mon fils, ce sera tant mieux pour mon fils. Je n'aurai rien à me reprocher. » Ce plan était bien sage, mais il ne pouvait pas être compris par ces pauvres enfants, qui se quittèrent avec des larmes déchirantes. Vous eussiez dit, monsieur, la séparation de Paul et de Virginie. Madame de Monteluz eut une fermeté dont je ne me serais pas sentie capable pour ma part. Elle me recommanda même de ne pas parler trop souvent de son Octave à ma Laure; car je l'accompagnai, monsieur; oh! je ne l'ai jamais quittée! Sa pauvre mère me l'avait trop bien confiée en mourant! Nous fûmes envoyées à Paris au couvent du Sacré-Cœur, où mademoiselle eut une chambre particulière, et où il me fut permis de la servir et de lui faire compagnie après les classes. Mademoiselle était adorée des religieuses et de ses compagnes. Elle était des premières dans toutes les études. Elle réussissait dans les arts mieux que toutes les autres, et elle avait l'air de ne pas s'en douter, ce dont on lui savait un gré infini. Mais son plus grand plaisir était de revenir causer avec moi. Et de qui causions-nous, je vous le demande? D'Octave, toujours d'Octave! Il n'y avait pas moyen de faire autrement, car c'était un grand amour, une sainte passion que l'absence augmentait au lieu de la diminuer. Quand mademoiselle chantait ou étudiait son piano : « Cela fera plaisir à Octave, disait-elle ; il aime la musique. » Si elle dessinait ou apprenaît les langues, la poésie : « Il aimera tout cela, » disait-elle encore. Enfin, tout était pour lui, et c'est à lui qu'elle pensait sans cesse. Elle lui écrivait des lettres. Ah! monsieur, quelles jolies lettres! si enfant, si honnêtes et si tendres! Il n'y a pas de roman où j'en aie jamais trouvé de pareilles. Madame de Monteluz m'avait bien défendu de me prêter à cela, mais je ne savais pas résister. Laure me disait comme ça : « Je sais bien, à présent, pourquoi ma bonne tante veut me contrarier. C'est par fierté, par délicatesse ; mais je mourrai si je ne reçois pas de lettres d'Octave, et je suis bien sûre qu'elle ne veut pas ma mort. »

— Et les lettres d'Octave, comment étaient-elles? dit d'Argères, qui ne pouvait se défendre d'écouter avec attention.

— Ah dame! les lettres d'Octave étaient bien gentilles, bien honnêtes et bien aimantes aussi; mais ce n'était pas ce style, cette grâce, cette force. Il fallait deviner un peu ce qu'il voulait dire. Octave n'aimait pas l'étude. Il aimait trop le mouvement, la vie de château, la chasse, le grand air...

— Quand je vous le disais! s'écria d'Argères. Il était bête! Ceux qu'on adore sont toujours comme cela.

— Eh bien! il était un peu simple, je vous l'accorde, répondit Toinette, qui prenait plaisir à être écoutée; il avait le tempérament rustique, et, en fait de talents, il n'avait pas de grandes dispositions.

— Oui, en fait de musique, il aimait la grosse trompe, et, en fait de langues, il écorchait la sienne. Je parie qu'il avait l'accent marseillais!

— Pas beaucoup, monsieur; mais qu'est-ce que cela fait quand on aime?

— S'il eût aimé, il se fût instruit pour être digne d'une femme comme votre Laure.

— S'il eût pensé devoir le faire, il l'eût fait. Mais il n'y songea point, et comme ma Laure n'y songea point non plus, il resta comme il était. Quand le temps d'épreuves parut devoir être fini, mademoiselle avait dix-huit ans. Les deux amants se revirent sous les yeux de la mère, à Paris. Octave pleura, Laure s'évanouit. En reconnaissant que cette passion n'avait fait que grandir, madame de Monteluz fut bien embarrassée. Son fils était trop jeune pour se marier. Elle voulait qu'il eût au moins vingt ans. Laure devait-elle attendre jusque-là pour s'établir? Laure jura qu'elle attendrait, et elle attendit. Madame de Monteluz fit voyager son fils, et resta à

Paris, où elle conduisit mademoiselle dans le monde, disant et pensant toujours, la noble dame, qu'elle ne devait pas éviter, mais chercher au contraire l'occasion de faire connaître à sa pupille les avantages de sa fortune, les bons partis où elle pouvait prétendre et les hommes qui pouvaient lui faire oublier son ami d'enfance. Tout cela fut inutile. Mademoiselle passa à travers les bals et les salons comme une étoile. Elle y fut remarquée, admirée, adorée... C'est là que monsieur a dû la rencontrer.

Cette question fut lancée avec un éclair de pénétration subite qui fit sourire d'Argères.

CHAPITRE TROISIÈME

III

—

D'Argères avait oublié de se mettre en garde, et la curiosité de la Muiron semblait s'être assoupie dans son bavardage; mais elle se réveillait en sursaut et semblait s'écrier :

— Mais à propos, à qui ai-je le plaisir d'ouvrir mon cœur? Vos papiers, monsieur, s'il vous plaît, avant que je continue.

Un sourire moqueur, où la fine Muiron devina une intention taquine, effleura les lèvres de d'Argères; mais tout à coup, par une illumination soudaine de la mémoire, il vit passer devant lui une figure dont l'image l'avait frappé, et dont le nom seul s'était envolé. — Laure de Larnac? s'écria-t-il. Oui! au Conservatoire de musique, tout un carême! Elle connaissait le père Habeneck! Il allait lui parler dans sa loge. La tante, belle encore, digne, un peu raide ! et la jeune fille, un ange ! toujours vêtue avec un goût, une simplicité !... des yeux noirs admirables, des traits, une taille, une grâce !... Quel beau front ! quels cheveux ! et l'air intelligent, mélancolique, attentif. Pâle, avec un air de force et de santé pourtant ; de la fermeté dans la douceur. Oui, oui, je l'ai vue, je la vois encore !

— Alors monsieur est musicien ? dit Toinette en le regardant avec persistance comme pour se rappeler à son tour. Il venait beaucoup d'artistes chez ces dames, et pourtant...

— Faites-moi le plaisir de continuer,

répondit d'Argères d'un ton d'autorité qui domina Toinette.

— Eh bien! monsieur, j'arrive au dénoûment, reprit-elle. Les vingt ans des deux amants révolus, il fallut bien les marier, car le jeune homme devenait fou, et mademoiselle s'obstinait à refuser tous les partis et ne voulait que lui. On revint faire les noces en Provence, et six mois après, une affreuse mort...

— Qui a laissé la veuve inconsolable, à ce qu'on dit. Voyons, est-ce vrai, mademoiselle Muiron ? La main sur le cœur, vous qui êtes une personne d'esprit et de sens, croyez-vous aux éternels regrets?

— Mon Dieu, j'étais comme vous, je n'y croyais pas d'abord. Je me disais : « C'est du vrai désespoir, mais enfin, madame est si jeune, si belle, la vie est si longue ! Et puis, madame fera encore des passions malgré elle, et un beau jour, elle voudra exister : elle aimera encore, elle qui n'a vécu encore que d'amour, et qui en vit toujours par le souvenir : elle se remariera ! »

— Et à présent ?...

— A présent, monsieur, savez-vous

qu'il y a tantôt trois ans qu'elle est veuve, et qu'elle est pire que le premier jour ?

— On dit qu'elle est folle ; l'est-elle en effet ?

D'argères lança cette question comme Toinette lui avait lancé les siennes, à l'improviste, résolu à s'emparer de son premier moment de surprise.

Mais la Muiron ne broncha pas et répondit d'un air triste : Oui, je sais bien qu'on le croit, parce que les *âmes vulgaires* ne comprennent pas la vraie douleur. Plût au ciel qu'elle le fût un peu, folle ! Ce serait une crise, les médecins y pourraient quelque chose, et j'espérerais une révolution dans ses idées; mais ma pauvre maîtresse a autant de force pour regretter qu'elle en a eu pour espérer. Oui, monsieur, elle regrette comme elle a su attendre. Elle est calme à faire peur. Elle marche, elle dort, elle vit à peu près comme tout le monde; sauf qu'elle paraît un peu préoccupée, vous ne diriez jamais, à la voir, qu'elle a la mort dans l'âme.

— Je voudrais bien la voir, dit naïvement d'Argères. Est-ce que c'est impossible?

— Impossible, non, si je sais qui vous

êtes, dit Toinette, triomphant d'avoir mis enfin l'inconnu au pied du mur.

— Mademoiselle Muiron, répondit d'Argères avec un accent énergique sans emphase, je suis un honnête homme, voilà ce que je suis.

Le côté sentimental et irréfléchi du caractère de Toinette céda un instant. Elle regarda la belle et sympathique physionomie de d'Argères avec un intérêt irrésistible; mais ses instincts cauteleux et ses niaises habitudes reprirent le dessus.

— Oui, vous êtes un charmant garçon,

reprit-elle; mais le sort ne vous a peut-être pas placé dans une position à pouvoir prétendre...

— Prétendre à quoi? s'écria d'Argères, révolté des idées que semblait provoquer en lui cette sorte de duègne.

Mais la duègne était perverse avec innocence; encore *perverse* n'est-il pas le mot : elle n'était que dangereuse, et d'autant plus dangereuse qu'au fond elle était de bonne foi.

— Je n'irai pas par quatre chemins, dit-elle : prétendre à la voir, c'est prétendr à l'aimer, car si vous avez le cœur libre, je vous défie bien...

— Vous croyez les cœurs bien inflammables, dona Muiron ! dit en riant d'Argères.

— Monsieur croit plaisanter, répondit-elle en souriant aussi. Ce titre m'appartient ; je sors d'une famille espagnole, et mes parents étaient nobles.

— Soit ! reprit d'Argères ; mais admettez que je n'aie pas le cœur libre, et d'ailleurs, n'ayez pas tant de sollicitude pour moi. Quel danger supposez-vous pour votre maîtresse, à ce que je la voie passer ou s'asseoir dans son jardin, ou regarder par-dessus sa haie, à supposer que j'aie besoin de votre protection pour satisfaire cette fantaisie?

— Oh! pour elle, il n'y en a aucun, malheureusement peut-être! car si elle pouvait remarquer que vous êtes beau et bien fait, que vous avez un son de voix enchanteur et des manières parfaites, elle serait à moitié sauvée; mais elle ne vous verra peut-être seulement pas, tout en ayant les yeux attachés sur vous.

— Eh bien alors! A quelle heure se

lève-t-elle ? Quand met-elle la tête à sa fenêtre ?

— Elle n'a pas d'heure. Mais écoutez, monsieur le mystérieux ! je sais tout, car je devine tout.

— Quoi donc ! s'écria d'Argères stupéfait.

— Vous êtes amoureux de madame, amoureux depuis longtemps. Vous la connaissez. Vous n'êtes pas venu ici par hasard. Vous me questionnez, non pas pour apprendre ce qui la concerne dans le passé, mais pour entendre parler d'elle, pour savoir si elle revient un peu de son désespoir. Enfin, depuis une heure, vous vous moquez de moi en faisant semblant de vous souvenir vaguement de la belle Laure de Larnac. Tenez, vous êtes un de ceux qui l'ont demandée en mariage, et, repoussé comme tant d'autres, vous n'avez pu l'oublier. Vous espérez qu'à présent...

— Ta, ta, ta ! quelle imagination vous avez ! dit d'Argères. Vous êtes un bas-bleu, dona Antonia Muiron ! vous faites des romans. Eh bien, je vais vous en conter un qui est la vérité. J'avais un ami, un pauvre ami sentimental, romanesque comme vous. Il n'était pas riche, il n'était pas beau. Il avait du talent, il était dans les seconds violons à l'Opera; il était de la société des concerts au Conservatoire. C'est là qu'il vit la belle Laure, et que, sans la connaître, sans rien espérer, sans oser seulement lui faire pressentir son amour, il conçut pour elle une de ces belles passions qu'on trouve dans les livres et quelquefois aussi dans la réalité. Il me la montra, cette charmante fille; il me la nomma, car il savait son nom par M. Habeneck, et je crois que c'est tout ce qu'il savait d'elle. Il la dévorait des yeux; il voyait bien qu'il y avait tout un monde entre elle et lui. Il n'espérait et n'essayait rien. Il vivait heureux dans sa muette contemplation. Il était ainsi fait. C'était un esprit nuageux : il était Allemand.

Il la perdit de vue; il l'oublia. Il en aima une autre, deux autres, trois ou quatre, peut-être, de la même façon. Il épousa sa blanchisseuse. C'était un vrai Pétrarque, moins les sonnets. Il est parti pour l'Allemagne, où il est maître de chapelle de je ne sais quel petit souverain. Vous voyez bien que ce n'était pas moi, et je vous donne ma parole d'honneur que je ne connais pas autrement votre maîtresse, et que, sans le hasard qui m'amène dans ce pays, joint au hasard de votre agréable conversation, son nom ne serait peut-être jamais rentré dans ma mémoire.

— Pauvre jeune homme! dit Toinette, qui paraissait ne songer qu'au héros du récit de d'Argères. Il était... Alors, monsieur est musicien?

— Encore? dit d'Argères en riant. Eh bien! oui, je sais la musique; je l'aime avec passion. J'ai entendu chanter votre maîtresse hier soir, en passant derrière cette vigne. Elle chante admirablement. On m'a dit qu'elle n'avait pas sa raison.

Cela m'a fait peur; j'en ai rêvé. Je suis venu ici sans trop savoir pourquoi. Je suis l'hôte et l'ami du baron de West. Je suis ce que, dans vos idées, vous appelez bien né. Je m'appelle d'Argères. Je ne suis ni mauvais sujet ni endetté. Êtes-vous satisfaite? êtes-vous tranquille? et puis-je prétendre à l'insigne honneur d'apercevoir le bout du nez de votre maîtresse?

— Tenez! la voilà, monsieur, répondit Toinette, en se levant avec vivacité et en courant au devant d'une personne que d'Argères ne voyait pas encore, mais qui avait fait crier faiblement la porte du jardin.

Journal de Comtois.

Je me trouve dans une position bien désespérante, qui est de m'ennuyer à mourir dans ce pays barbare et de ne pas savoir combien de jours encore il faudra y rester. Voilà le baron de West, qui était parti pour vingt-quatre heures à Lyon, et qui, sur son retour, s'arrête à Vienne, retenu, disent ses gens, par des affaires désagréables. Il paraîtrait qu'il a de grands embarras de fortune. On ne comprend rien à la fantaisie de mon maître, qui, au lieu de se rendre à Vienne pour causer avec son ami, comme il paraît s'y être engagé, aime mieux continuer à l'attendre ici. Après ça, c'est peut-être la peur que j'en ai qui me fait parler, car il ne me fait pas l'honneur de me dire ses volontés. Mais il avait tout de même un drôle d'air en me disant ce soir : — « Comtois, vous me ferez blanchir six cravates. »

Monsieur est de plus en plus singulier. Il est dehors toute la journée, et à peine fait-il jour qu'il se remet en campagne. Il ne chasse pas, il ne fait pas d'herbiers, il ne court pas les filles de campagne, car on le saurait déjà, et on le rencontre toujours seul. Enfin, il m'est venu une idée qui me tourmente : c'est que monsieur, avec son air distrait, est peut être fou.

Pour or ni pour argent, je ne resterais au service d'un fou, quand même je devrais l'abandonner sur un chemin. Je ne suis pas égoïste, mais la vue d'un homme sans raison me cause une peur qui m'a toujours empêché de boire.

Je vas écrire à ma femme de m'envoyer de ses nouvelles ici ; ça forcera bien monsieur de me dire où nous allons, quand il sera question de faire suivre les lettres.

Fragment d'une lettre de d'Argères.

· · · · · · · · · · · ·

A propos, si tu as des nouvelles de notre

pauvre Daniel, tu songeras à m'en donner. J'ai pensé à lui depuis deux jours plus que je n'ai fait peut-être en toute ma vie, grâce à une circonstance assez romanesque.

Tu te rappelles sa passion extatique pour la belle *Laure*, cette brune pâle qui, de sa petite loge d'avant-scène, ne jetait pas seulement un regard sur lui et ne s'est jamais doutée qu'elle eût un adorateur sous ses pieds. Il nous la faisait tant remarquer et il la célébrait d'une façon si comique, qu'il fallait qu'elle fût belle comme trente houris pour qu'il ne lui attirât pas nos moqueries ; mais elle était incontestable, et la poésie même de Daniel ne pouvait pas nous empêcher de la regarder avec l'admiration désintéressée qui nous était commandée par le *destin*.

Eh bien, imagine-toi qu'hier matin, en flânant dans la campagne, j'ai découvert cette même Laure, toujours belle, mais veuve, désespérée, et volontairement cloîtrée dans une espèce de ruine, au fond des déserts légèrement raboteux du Vivarais. Voilà, diras-tu, ce que c'est que d'épouser un marquis! Si elle eût daigné s'informer de notre ami Daniel et le rendre heureux, elle ne serait pas veuve. Il n'y a que les gens qui meurent d'amour et de faim pour échapper à tous les dangers et devenir centenaires.

Je peux te dire pourtant, sans plaisanter, qu'elle m'a fait une très vive impression, cette pauvre désolée, car c'est ainsi qu'on l'appelle dans le pays. Je ne crois pas qu'il y ait place pour le désir de la possession dans l'esprit de ceux qui la voient sans être des brutes, car autant vaudrait se fiancer avec la mort (moralement parlant); mais c'est un beau personnage à étudier. Il vous émeut, il vous remue comme une Desdemona rêveuse, comme une Ariane délaissée; et je ne vois pas pourquoi, lorsque nous nous laissons aller à frémir ou à pleurer devant des fictions de théâtre ou de roman, nous ne nous intéresserions pas en artistes au chagrin d'une personne naturelle. L'artiste n'est pas *ce qu'un vain peuple pense.* Il n'est ni blasé, ni sceptique, ni moqueur quand il regarde au fond de lui-même. On croit que nous ne pleurons pas de vraies larmes, nous autres, et que toute notre âme est dans nos nerfs. Ils n'ont de l'artiste que le titre usurpé, ceux qui ne sentent pas en eux un foyer de sensibilité toujours vive et d'enthousiasme toujours prêt à flamber.

J'étais déjà au courant de l'histoire de

son mariage et de son veuvage, quand j'ai vu, hier matin, la belle désolée au soleil levant. Il n'y a pas beaucoup de femmes qu'on puisse regarder à une pareille heure sans en rabattre. Celle-là y gagne encore : mieux on la voit, plus on trouve qu'elle est bonne à voir. Et pourtant, c'est triste. Figure-toi, mon ami, l'image de la douleur, le désespoir personnifié, ou, pour mieux dire, la désespérance vivante, car il n'y a là ni larmes, ni soupirs, ni cris, ni contorsions. C'est effrayant de tranquillité, au contraire. C'est morne et incommensurable comme une mer de glace. Elle est toujours habillée de blanc ; c'est sa manière de continuer son deuil, qu'elle ne veut pas rendre officiellement exagéré. Elle prétend ainsi ne le jamais quitter sur ses vêtements ni dans sa vie, et s'arranger pour n'affliger les yeux de personne. Je sais beaucoup d'autres choses sur elle, grâce au babil d'une suivante vieillotte qui m'a pris en amour, Dieu sait pourquoi.

Ce que mes yeux seuls m'ont appris bien clairement, c'est qu'elle est frappée sans remède. Je craignais d'abord qu'elle ne fût folle (tu sais ma terreur pour les fous), et, pendant quelques instants, je me suis senti fort mal à l'aise ; mais sa bizarrerie m'a paru très compréhensible, et même très logique, dès que je me suis trouvé dans son intimité.

Car nous voilà très liés en quarante-huit heures, et c'est si singulier qu'il faut que je te le raconte. Ça ne ressemble à rien de ce qui peut arriver dans le monde auquel elle appartient et auquel j'ai appartenu ; et il faut une disposition exceptionnelle comme celle de son âme malade pour que notre connaissance se soit faite ainsi.

La suivante, Toinette, est dévouée à sa manière. A tout prix, elle voudrait la distraire et la consoler, fallût-il la compromettre et la perdre ; mais quand je serais d'humeur à profiter de ce beau zèle, une vertu qui prend sa source dans le cœur même se défendrait, je crois, sans péril, contre toutes les duègnes et toutes les sérénades de l'Espagne et de l'Italie.

La dite Toinette, lorsque sa maîtresse entra dans le jardin, où je m'étais introduit sans préméditation grave, et où, depuis une heure, nous parlions d'elle, courut à sa rencontre et parut vouloir lui faire rebrousser chemin avant qu'elle me remarquât. Mais la dame est obstinée comme l'inertie, et elle était déjà assez près de moi, lorsque je la vis me chercher des yeux en disant :

— Ah ! ou donc ? qui est-ce ?

— C'est un voyageur, un Parisien, répondit l'autre ; un ami du baron de West, un homme *comme il faut*.

— Est-ce qu'il demande à me voir ? reprit la désolée en s'arrêtant.

— Oh ! non certes ! Ce n'est pas une heure à rendre des visites.

— C'est vrai. Que veut-il donc ?

— Il regardait les statues et il allait se retirer.

— Fort bien, qu'il les regarde.

— Il craindra sans doute d'être importun.

— Non ; dis-lui qu'il ne me gêne pas.

Elle se trouvait vis à-vis de moi ; elle me fit un salut poli où il y avait de la grâce naturelle et rien de plus. Puis elle passa et disparut derrière les arbres. La Muiron me dit :

— Vous êtes content, j'espère ; vous l'avez vue. A présent, vous allez vous sauver.

Pourquoi me serais-je sauvé, puisqu'on me permettait de rester? Ce fut la Toinette qui sortit du jardin ou qui feignit d'en sortir, curieuse probablement de voir de quel air je regardais la belle Laure. Pendant quelques moments, je crus me sentir sous son œil d'Argus, clignant à travers quelque bosquet. Mais je l'oubliai bientôt pour ne songer qu'à regarder en effet sa maîtresse.

Quant à celle-ci, après avoir fait lentement le tour d'un carré de verdure grillé par le soleil, elle revint s'asseoir sur un banc contre un mur chargé de vignes, et si près de moi, si bien placée en profil, qu'un sot eût pu croire qu'elle posait là pour se faire admirer.

Mais, malheureusement pour mon amour-propre, la vérité est qu'elle m'avait déjà parfaitement oublié.

Je pus donc me laisser aller à une contemplation qui eût fait la béatitude ou plutôt la catalepsie de notre ami Daniel.

Je n'étais pas tout à fait tranquille cependant. A la trouver si absorbée, l'idée de la folie me revenait, et je craignais toujours de la voir se livrer à quelque excentricité affligeante. Il n'en fut rien. Elle resta presque un quart d'heure immobile comme une statue. Le soleil montait, et, se faisant déjà chaud, tombait sur sa tête nue, sans qu'elle prît garde à lui plus qu'à moi. Elle a toujours ces magnifiques cheveux bruns touffus et bouffants qui font comme une couronne naturelle à sa tête de Muse; mais ce n'est pas la Muse antique qui regarde et commande : c'est la Muse de la renaissance qui rêve et contemple.

Elle a beaucoup souffert, sans doute, et la Muiron m'a dit qu'elle avait été dangereusement malade pendant plus d'un an; mais la force et la santé sont revenues. Le plus complet détachement de la vie a répandu sur sa beauté, dont nous remarquions autrefois l'expression doucement sérieuse, un sérieux encore plus doux Cela est même très étrange ; elle n'a pas l'air triste, elle a l'air attentif et recueilli, comme elle l'avait en écoutant les symphonies de Beethoven. Mais il semble qu'elle écoute encore une musique plus belle, et qu'elle soit recueillie dans une satisfaction plus profonde. Elle a même pris un peu d'embonpoint qui manquait aux contours de son visage et de son buste pour en faire une beauté accomplie. Son teint est toujours pâle avec cette nuance légèrement ambrée qui exclut la pénible idée d'une organisation trop lymphatique. Il y a encore du sang et de la vie sous ce beau marbre. Ce qui paraît mort, bien mort, c'est la volonté.

Pourtant l'expression du visage ne trahit ni la faiblesse ni l'abattement. Cette âme n'est pas épuisée ; elle s'attache à je ne sais quelle certitude qui n'est certainement pas de ce monde.

Je remarquai aussi que, contre mon attente, il n'y avait ni désordre dans sa chevelure ni lâcheté dans sa mise. Sa robe et son peignoir de mousseline étaient flottants et non traînants. Ses formes admirables donnent à ces amples vêtements l'élégance chaste des draperies antiques.

Je n'avais jamais vu ses pieds ni remarqué ses mains. Ce sont des modèles, des perfections. Enfin, c'est tout un idéal que cette femme. Mais notre fou de Daniel avait raison de nous dire, dans son jargon, que c'était un poème pour ravir l'âme, et non un être pour émouvoir les sens.

La vieille fille revint avec un thé sur un plateau. Elle approcha une petite table verte et causa avec sa maîtresse un instant, pendant que je me diposais à partir ; mais j'étais emprisonné dans une sorte d'impasse. Il me fallait traverser l'endroit même où déjeûnait madame de Monteluz, ou couper à travers les buissons, ce qui eût pu lui sembler extraordinaire. Je pris le parti d'aller la saluer en me retirant; mais elle m'arrêta au passage par une politesse qui me jeta dans le plus grand étonnement.

Comme elle me rendait mon salut d'un air qui ne témoignait ni surprise ni mécontentement, je me hasardai à lui demander pardon de mon importunité. Je crus rêver quand elle me répondit sans embarras ni circonlocution :

— C'est moi, monsieur, qui vous demande pardon de n'avoir pas fait attention à vous; mais j'ai perdu ici l'habitude de me conduire en maîtresse de maison. Cette habitation est si laide et si pauvre que je ne songe pas à en faire les honneurs. Je n'oserais pas non plus vous inviter à partager mon maigre déjeûner, mais on s'occupe de vous en préparer un meilleur.

J'eus besoin de me rappeler les coutumes hospitalières du pays pour ne pas trouver cette brusque invitation déplacée. Je regardai la femme de chambre, qui me fit rapidement signe d'accepter.

— Oui, oui, monsieur, s'écria-t-elle, en

me poussant un siége de jardin vis-à-vis de sa maîtresse, je cours veiller à cela, et je reviendrai vous avertir.

Et elle partit, légère comme une vieille linotte.

J'étais embarrassé comme un collégien. On a beau avoir de l'usage, on n'est pas à l'aise dans une situation incompréhensible.

— Monsieur, me dit la belle désolée, en me regardant avec un visible effort d'attention, c'est bien impoli de vous avouer que je ne me souviens pas du tout de vous. Ce n'est pas ma faute ; j'ai fait une grande maladie, j'ai oublié beaucoup de choses ; mais la femme qui me soigne, et qui est une amie pour moi bien plus qu'une servante, m'assure que je vous ai vu, *autrefois*, chez ma tante, chez ma mère...

Ici la conversation tomba, car je balbutiai je ne sais quoi d'inintelligible, et madame de Monteluz pensait déjà à autre chose. Elle n'entendit pas mes dénégations, qui n'étaient peut-être pas très énergiques. Je confesse que l'attrait de l'aventure me gagnait et qu'en me scandalisant un peu, l'officieux mensonge de l'extravagante Toinette ne me contrariait pas beaucoup.

Je regardais cette femme qui ressemblait à une somnambule et qui, après l'effort d'une réception si gracieuse, était déjà à cent lieues de moi et répétait « *chez ma mère* » comme si elle se parlait à elle-même.

Il me fallut, pour deviner comment cette liaison d'idées, *ma tante, ma mère*, la replongeaient dans son mal, me rappeler qu'elle avait épousé le fils de sa tante. Je vis qu'elle n'était point en tête-à-tête avec moi, mais avec le spectre de son cher Octave, assis entre nous deux, et cette découverte me mit tout à coup à l'aise en détruisant tout germe de fatuité en moi-même.

Après une pause assez longue, elle me regarda d'un air étonné, comme une personne qui se réveille, et me demanda si je demeurais loin.

— Mon Dieu, non, madame, répondis-je ; je suis fixé pour quelques jours seulement à Mauzères.

— Oui, c'est à deux ou trois lieues d'ici, n'est-ce pas ? dit-elle, parlant par complaisance et sans savoir de quoi, car elle ne peut ignorer que Mauzères soit à dix minutes de chemin de sa maison.

— C'est beaucoup plus près que cela, répondis-je en souriant.

Elle eut un imperceptible mouvement comme pour secouer sa tête endolorie, afin d'en écarter l'idée fixe, et reprenant la parole avec une certaine volubilité comme si elle eût craint d'oublier, avant de l'avoir dit, ce qu'elle voulait dire :

— C'est vrai, dit-elle ; le baron de West est mon proche voisin, à ce qu'il paraît. Je ne le vois pas, et c'est uniquement par sauvagerie, par inertie. Je sais que son caractère est aussi honorable que son talent. On l'aime et on l'estime beaucoup dans le pays. Il est venu me rendre visite ; j'étais souffrante, je n'ai pu le recevoir ; mais il a trop d'esprit pour ne pas savoir qu'une personne comme moi est toute excusée d'avance, et que si je ne le prie pas de revenir, la privation est toute pour moi et non pour lui.

— Je suis sûr, madame, que M. de West pense tout le contraire.

Elle ne répondit pas. Je vis qu'il lui

était presque impossible de soutenir une conversation, non qu'elle y éprouvât de la répugnance, mais parce qu'elle avait perdu absolument l'habitude d'échanger ses idées. Je me levai, très peu désireux dès-lors de profiter des bonnes intentions de Toinette, qui me faisait jouer un personnage indiscret et importun. Mais, en ce moment, la vieille folle arrivait et me criait d'un air triomphant :

— Monsieur est servi ! S'il veut bien me suivre...

Je refusai. Madame de Monteluz insista.

— Ah ! monsieur, me dit-elle, ne m'ôtez pas l'occasion de réparer mes torts envers M. de West en traitant son hôte comme le mien ; vous me feriez croire qu'il me garde rancune et qu'il vous a défendu de me les pardonner en son nom.

Je suivis machinalement la Toinette. Il est bien certain que je mourais de faim et de lassitude. Elle me conduisit dans un pavillon fort délabré où il y avait deux chaises de paille, une table chargée de mets assez rustiques et une vieille causeuse couverte d'indienne déchirée. Par compensation, le vin du crû est bon et la vue magnifiqque.

La Muiron s'assit vis-à-vis de moi, en personne habituée à *manger avec les maîtres*, et me fit les honneurs, tout en reprenant son bavardage. J'appris d'elle qu'après la mort du cher Octave, *madame* avait toujours résidé près de sa belle-mère aux environs de Vaucluse. Mais que ces deux femmes, tout en s'estimant beaucoup, ne pouvaient se consoler l'une par l'autre. La mère est une âme forte et rigide en qui la douleur s'est changée en dévotion. Elle se soutient par la prière, par des pratiques minutieuses, elle est toute à l'idée du devoir et du salut. Il paraît que cela s'accorde en elle avec le goût du monde, qu'elle appelle respect des convenances et nécessité du bon exemple. Autant que j'ai pu en juger par les appréciations de la Muiron, qui est un peu folle, mais pas très sotte, madame de Monteluz a mère est un esprit assez froid et absolu, qui, sans le vouloir, froisse l'extrême sensibilité de la *désolée*, et qui commence à s'impatienter doucement de ne pas la trouver plus résignée au fond de l'âme. De là un peu de persécution, tantôt à propos de la religion, tantôt à propos de l'étiquette. La pauvre jeune femme s'est trouvée mal à l'aise sous cette domination qui ne gênait pas seulement ses actions, mais qui voulait s'étendre sur ses sentiments les plus intimes. Elle a emporté sa blessure dans la solitude, prétextant une visite à je ne sais quels parents du haut Languedoc, et des intérêts à surveiller. Elle est partie comme pour voyager et elle a marché un peu au hasard. Elle a trouvé sur son chemin cette jolie petite terre et cette vilaine petite maison, qu'un grand oncle lui avait laissées en héritage et qu'elle ne connaissait pas. Cette solitude lui a plu. L'idée de ne connaître personne aux environs et de pouvoir se laisser oublier là, a été pour elle comme un soulagement nécessaire, après une contrainte au-dessus de ses forces. Elle y est depuis trois mois et frémit à l'idée de retourner chez les grands parents vauclusois. Cette infortunée savoure l'horreur de son isolement et les privations d'une vie de cénobite, comme un écolier en vacances savoure le plaisir et la liberté. C'est l'officieuse Muiron qui, depuis ces trois mois, s'est chargée de mentir en écrivant à la belle-mère que sa bru avait à s'occuper de sa propriété du *Temple*, qu'elle s'en occupait, que cela lui faisait du bien, ajoutant chaque semaine qu'elle en avait encore pour une semaine. Mais toutes ces semaines tirent à leur fin, non pas tant parce que la belle-mère s'inquiète là-bas, que parce que la Muiron s'ennuie ici.

Pourtant, depuis deux jours, les choses

ont changé de face comme je te le dirai demain : car je m'aperçois que je t'écris un volume, qu'il est tard, et que tu peux te reposer, ainsi que moi, sur ce premier chapitre.

CHAPITRE QUATRIÈME

IV

Suite de la lettre de d'Argères.

« Août...

En voyant sur ma table toutes ces pages que je n'ai pas le temps de relire, je me demande comment j'ai été si prolixe sur un sujet qui ne t'intéresse sans doute nullement et qui ne saurait m'intéresser plus d'un jour ou deux encore. J'ai envie de jeter tout cela au panier et de reprendre ma lettre où je l'avais laissée avant de m'embarquer dans le récit de cette aventure, si aventure il y a. Et comme, au fait, il n'y en a pas l'apparence, je peux continuer sans indiscrétion envers ma belle désolée et sans crainte de te rendre jaloux de mon bonheur. Si je t'ennuie, pardonne-le-moi en songeant que je suis seul dans une grande maison silencieuse; que la soirée est longue, et que tu es la seule victime que j'aie à immoler à mon oisiveté. D'ailleurs, mon récit va s'augmenter d'une journée de plus, ce qui donne plus de consistance au souvenir que je veux conserver de cette rencontre singulière, et le moyen de le conserver, c'est de l'écrire, dussé-je, après l'avoir fini, le garder pour moi seul.

Je *me suis laissé*, dans mon précédent chapitre, à table avec mademoiselle Muiron. Bien que ses confidences eussent pour moi quelque intérêt, je me trouvai insensiblement sur la causeuse plus disposé à dormir qu'à l'écouter. Elle m'avait charitablement invité à fumer mon cigare, assurant que sa maîtresse ne s'en apercevrait pas. Mes yeux se fermèrent, et je m'endormis au léger bruit des assiettes et des tasses qu'elle emportait avec précaution.

Quand je m'éveillai, il était au moins midi. La chaleur était accablante; les cousins faisaient invasion dans mon pavillon, et, sauf leur bourdonnement et les bruits lointains des travaux champêtres, un profond silence régnait autour de moi. Je sortis, un peu honteux de mon somme, mais je me trouvai complétement seul dans le jardin. Je pénétrai dans la cour, pensant bien que madame de Monteluz m'avait assez oublié pour qu'il ne fût pas nécessaire d'aller lui demander pardon de ma grossière séance chez elle, et voulant au moins prendre congé de la duègne. La cour était déserte, la maison muette. Je poussai jusqu'à la basse-cour. Elle n'était occupée que par une volée de moineaux qui s'enfuit à mon approche. Enfin, je trouvai une grosse servante au fond d'une étable. Elle était en train de traire une vache maigre, et m'apprit, sans se déranger, que madame devait être dans le petit bois, au bout de la prairie, parce que c'était son heure de s'y promener; que mademoiselle Muiron devait être chez le meunier, au bord de la rivière, parce que c'était son heure d'aller acheter de la volaille. Quand au jardinier, ce n'était pas son jour. « Mais si monsieur veut quelque chose, ajouta-t-elle d'un air candide, je serai à ses ordres quand j'aurai battu mon beurre. »

Je la chargeai de mes compliments pour mademoiselle Muiron, et je revins vers la maison, afin de reprendre le sentier qui conduit à Mauzères, lorsque, par une fenêtre ouverte, au rez-de-chaussée, mes yeux tombèrent sur un joli pianino de Pleyel qui brillait comme une perle au milieu du plus pauvre et du plus terne ameublement dont jamais femme élégante se soit contentée. La vachère, qui m'avait suivi, portant son vase de crême vers la cuisine, vit mon regard fixé avec une certaine convoitise sur l'instrument, et me dit :

— Ah! vous regardez la jolie musique à madame? On n'avait jamais rien vu de si beau ici, et madame musique que c'est un plaisir de l'entendre! C'est mademoiselle Muiron qui a acheté ça à la vente du château de Lestocq, pas loin d'ici. Elle a vu estimer ça comme elle passait en se promenant; elle a dit : « Ça fera peut-être plaisir à madame. » Elle a mis dessus, et elle l'a eu. Dame! elle fait tout ce qu'elle veut, celle-là! Si vous voulez musiquer, faut pas vous gêner, allez, c'est fait pour ça. Entrez, entrez! mademoiselle Muiron ne s'en fâchera pas, puisqu'elle vous a fait déjeûner avec elle.

Là-dessus, elle poussa devant moi la porte du salon, qui n'était même pas fermée au loquet, et s'en alla faire son beurre.

Je te disais, l'autre jour, que j'avais eu une jouissance extrême à oublier tout, même l'art, ce tyran jaloux de nos destinées, ce mangeur d'existences, ce boulet qui m'a longtemps rivé à mille sortes d'esclavages; mais on boude l'art comme une maîtresse aimée. Il y a deux mois que je n'ai rencontré que les chaudrons des auberges de la Suisse, deux mois que n'ai tiré un son de mon gosier, et, à la vue de ce joli instrument, il me vint une envie extravagante de m'assurer que je n'étais pas endommagé par l'inaction. J'entrai résolûment, j'ouvris le piano, et tout naturellement, la première chose qui me vint sur les lèvres fut le *nessun maggior dolore* que, la veille au soir, j'avais entendu chanter de loin par la désolée, et qui a besoin de son accompagnement pour être complet. Je le chantai d'abord à demi-voix, par instinct de discrétion ; mais je le répétai plus haut, et, la troisième fois, j'oubliai que je n'étais pas chez moi et je donnai toute ma voix, satisfait de m'entendre dans un local nu et sonore, et de reconnaître que le repos de mon voyage m'avait fait grand bien.

Cette expérience faite, j'oubliai ma petile individualité pour savourer la jouissance que ce court et complet chef-d'œuvre doit procurer, même après mille redites et mille auditions, à un artiste encore jeune. Je ne sais pas si les vieux praticiens se blasent sur leur émotion, ou si elle leur devient tellement personnelle qu'ils exploitent avec un égal plaisir une drogue ou une perle, pourvu qu'ils l'exploitent bien. Tu m'as dit souvent, mon ami, que devant un Rubens, tu ne te souvenais plus que tu avais été peintre, et que tu contemplais sans pouvoir analyser. Oui, oui, tu as raison. On est heureux de ne pas se rappeler si on est quelqu'un ou quelque chose, et je crois qu'on ne devient réellement quelque chose ou quelqu'un qu'après s'être fondu et comme consumé dans l'adoration pour les maîtres.

Je ne sais pas comment je chantai, pour la quatrième fois, ce couplet. Je dus le chanter très bien, car ce n'était plus moi que j'écoutais, mais le gondolier mélancolique des lagunes sous le balcon de la pâle Desdemona. Je voyais un ciel d'orage, des eaux phosphorescentes, des colonnades mystérieuses, et, sous la tendine de pourpre, une ombre blanche penchée sur une harpe que la brise effleurait d'insaisissables harmonies.

Quand j'eus fini, je me levai, satisfait

de ma vision, de mon émotion, et voulant pouvoir les emporter vierges de toute autre pensée ; mais, en me retournant, je vis dans le fond de l'appartement madame de Monteluz, assise, la tête dans ses mains, et la Muiron agenouillée devant elle. Il y eut un moment de stupéfaction de ma part, d'immobilité de la leur. Puis, madame de Monteluz, la figure couverte de son mouchoir, et repoussant doucement Toinette qui voulait la suivre, sortit précipitamment. — Mon Dieu, je lui ai fait peut-être beaucoup de mal! dis-je à la suivante : il me semble qu'elle pleure! Et pourtant elle aime cet air, elle le chante!

— Elle le chante bien, répondit Toinette, mais pas si bien que vous, et elle ne se fait pas pleurer elle-même. Vous venez de lui arracher les premières larmes qu'elle ait répandues depuis sa maladie, et c'est du bien ou du mal que vous lui avez fait, je ne sais pas encore; mais je crois que ce sera du bien. Elle est grande musicienne, mais elle ne se souciait plus de rien, et c'est par complaisance pour moi qu'elle chante et joue quelquefois, depuis que j'ai introduit ici ce piano. Je me figure qu'elle a besoin de quelques secousses morales, dût-elle en souffrir, et que ce qu'il y a de pire pour elle, c'est l'espèce d'indifférence où elle est tombée.

Je trouvai que la Muiron ne raisonnait pas mal pour le moment.

— Mais est-ce donc à cause de cela, lui demandai-je, que vous m'avez retenu ici à l'aide d'un mensonge?

— Eh bien, oui, répondit-elle, c'est à cause de cela. J'ai vu que vous étiez artiste musicien: que ce soit par état ou par goût, qu'est-ce que cela fait? Et puis, vous êtes aimable, vous êtes charmant, et si madame pouvait se plaire dans votre compagnie, ne fût-ce qu'une heure ou deux, cela lui rendrait peut-être le goût de vivre comme tout le monde. Est-ce donc un si grand sacrifice que je vous demande, de vous intéresser toute une matinée à la plus belle, à la plus malheureuse et à la meilleure femme qu'il y ait sur la terre?

Je fus touché de la sincérité avec laquelle cette fille parlait, et je lui offris de chanter encore, dût madame de Monteluz revenir pour me chasser. La Muiron m'embrassa presque et me dit : Tenez ! si vous saviez quelque chose de beau que madame ne connût pas? C'est bien difficile, mais si cela se rencontrait! Tout ce qu'elle sait lui rappelle le temps passé. Une musique qui ne lui rappellerait rien et qui serait bonne, car elle s'y connaît, ne lui ferait peut-être que du bien.

Je chantai ma dernière composition inédite : une idée riante et champêtre qui m'est venue en traversant l'Oberland, et dont je suis aussi content qu'on peut l'être d'une idée qui a pris forme. Pour moi, les idées *latentes*, si je puis parler ainsi, ont un charme que l'exécution détruit.

Madame de Monteluz, qui s'était sauvée dans le jardin pour pleurer, m'entendit. Toinette, qui s'inquiétait d'elle, et qui alla la trouver, revint me dire qu'elle me demandait comme une grâce, comme une charité de recommencer.

Quand j'eus fini, la désolée ne donnant

plus signe de vie, je pris définitivement congé de Toinette; mais je n'avais pas gagné le revers du coteau, que Toinette me rattrapa.

— Je cours après vous pour vous remercier de sa part, me dit-elle. Elle a tant pleuré qu'elle n'a presque pas la force de dire un mot, et elle a une douleur si discrète qu'elle ne voudrait pas que vous la vissiez comme cela. Elle dit que ce serait bien mal vous récompenser de ce que vous avez fait pour elle, car elle pense que les larmes sont désagréables à voir.

— Désire-t-elle que je revienne un autre jour?

— Elle n'a pas dit cela; mais elle a dit : *Ah! mon Dieu! c'est déjà fini! quand retrouverai-je...* Elle s'est arrêtée. Puis elle a repris : Dis-lui... non, rien, remercie-le; dis-lui que c'est bien bon de sa part d'avoir chanté pour moi! que je suis bien reconnaissante. Je vous le dis, monsieur; et vous vous en allez?

— Je reviendrai, Toinette!

— Quand ça?

— Quand faut-il revenir?

— Dame! le plus tôt sera le mieux.

— Eh bien, ce soir. Je ne me présenterai pas. Elle ne me verra pas. Je lui épargnerai ainsi la fatigue de s'occuper de moi. Je chanterai dans la campagne, à portée d'être entendu. Mais ne l'avertissez point. Je crois que l'inattendu sera pour beaucoup dans sa jouissance.

— Ah! monsieur, s'écria Toinette, je voudrais être jeune et jolie pour vous faire plaisir en vous embrassant!

Elle dit cela en rougissant sous son rouge, comme si elle se croyait encore aussi appétissante que modeste, et se sauva comme si j'eusse été d'humeur à la poursuivre.

Cette vieille écervelée me gâte un peu ma Desdemona. Mais, après tout, ce n'est pas sa faute ; je ne suis pas obligé d'embrasser la Muiron, et au fond cette confidente de tragédie a un très bon cœur.

Je tins ma parole : je retournai au *Temple* à l'entrée de la nuit, non sans être épié, je crois, par M. Comtois, mon valet de chambre, qui est fort curieux et qui s'inquiète de mes mœurs. J'entendis madame de Monteluz qui avait retenu presque toute ma ballade et qui en cherchait la fin avec ses doigts sur le piano. Placé sous sa fenêtre, le long du rocher, je la répétai plusieurs fois. On fit silence longtemps ; mais tout à coup je vis un spectre auprès de moi : c'était elle. Elle me tendait les deux mains en me disant :

— Merci, merci! vous êtes bon, vous êtes vraiment bon!

Elle avait la voix émue, mais l'obscurité m'empêcha de voir si elle avait beaucoup pleuré et si elle pleurait encore. Je ne distinguais d'elle que sa taille élégante sous ses voiles blancs et le pâle ovale de sa tête penchée vers moi avec une bonhomie languissante. Je ne veux pas que vous vous fatiguiez davantage, me dit-elle d'un ton presque amical. Venez vous reposer en jouant un peu mon piano.

J'entendis alors la Muiron, dont l'ombre moins svelte se dessina derrière la sienne, lui dire à demi-voix : Chez vous ? A cette heure-ci ? comme si elle eût été avide de constater un fait acquis à sa politique. — Eh bien ! pourquoi pas ? répondit madame de Monteluz.

— C'est à cause de ce qu'on pourrait dire, reprit Toinette qui parla encore plus bas et dont je devinai plus que je n'entendis l'observation. A quoi madame de Monteluz répondit tout haut : Je te demande un peu ce que cela peut me faire !

En même temps elle passa son bras

sous le mien et fit quelques pas auprès de moi en remontant vers la maison.

— Prenez-garde, madame! s'écria Toinette. Monsieur, soutenez madame!

En effet, le sentier était fort dangereux ; je l'avais pris pendant le crépuscule pour gagner un rocher isolé dont la situation hardie m'avait tenté ; mais la nuit s'était faite, et pour regagner les terrasses du jardin, il fallait côtoyer un petit abîme assez menaçant.

—Ne craignez rien pour moi, et regardez à vos pieds, me dit la désolée en prenant les devants avec assurance. Muiron, prends-garde toi-même!

— Vous me ferez tomber si vous faites vos imprudences! lui cria encore la Muiron en s'attachant à moi avec frayeur. Voyez, monsieur, si ce n'est pas déraisonnable! ça fige le sang! Ne passez pas par là, madame, faisons le tour!

Madame de Monteluz ne semblait pas l'entendre. Elle franchit le pas dangereux sans paraître y songer, et, tout étonnée ensuite de l'effroi de la Muiron, elle lui dit:

— Mais de quoi donc t'inquiètes-tu? Tu sais bien que je n'ai plus le vertige.

Mon ami, il y avait bien des choses dans ce peu de mots, et encore plus peut-être dans ce : *Qu'est-ce que cela peut me faire?* qu'elle avait dit auparavant. Pour une femme délicate, n'avoir *plus* le vertige en côtoyant les précipices, c'est ne plus se soucier de la vie. Pour une femme pure, ne pas se soucier de l'opinion, c'est abdiquer ce que les femmes placent au-dessus de leur vertu. Il y a là un abîme de dégoût de toutes choses, plus profond que ceux auxquels peuvent se briser la vie ou la réputation.

— Je me demandais, en marchant dans le jardin, silencieux à ses côtés, si je devais me blesser du profond dédain pour ma personne que cette confiance et cette aménité couvraient d'un voile si transparent. J'ai été un peu gâté, tu le sais. J'ai failli devenir fat ou vaniteux au commencement de ma carrière ; tu m'as averti, tu m'as préservé... Pourtant le *vieil homme*, ou plutôt le jeune homme reparaît apparemment encore quelquefois. J'étais piqué, j'étais sot.

Quand nous rentrâmes dans la pièce que l'ancien propriétaire décorait sans doute du titre usurpé de salon, la figure de madame de Monteluz me frappa comme si je la voyais pour la première fois. Ce n'était plus la même femme qui m'avait surpris et comme effrayé le matin. Elle avait pleuré ; ses beaux yeux limpides en avaient un peu souffert, mais toute sa physionomie en était adoucie et embellie. Un voile de mélancolie s'était répandu sur cette tranquillité sculpturale. Ce n'était plus la mer éclatante et pétrifiée sous la glace, à laquelle je l'avais comparée : c'était un lac bleu doucement ému sous les souffles plaintifs de l'automne.

Je lui fis encore de la musique ; elle me servit elle-même du thé avec des soins charmants qui ne parurent plus lui coûter que de légers efforts de présence d'esprit. Elle parla musique et peinture avec moi, et les noms de plusieurs personnes connues d'elle et de moi dans l'art ou dans le monde vinrent se placer naturellement dans notre entretien et former un lien commun dans nos souvenirs. Elle me dit que j'étais un grand artiste et me questionna sur mes études ; mais, bien que Muiron, qui ne nous quittait pas, en prit occasion pour essayer de m'interroger indirectement sur ma position et mes relations, madame de Monteluz la tint en respect par une discrétion exquise sur tout ce qui sortait tant soit peu du domaine de l'art. Elle parut m'accepter de confiance.

Ma vanité se remit sur ses pieds. Je crus un moment avoir commencé l'œuvre de sa guérison ; mais, en y regardant mieux, je vis que la grâce de cet accueil n'était qu'un plus grand effort d'abnégation. Le peu de curiosité qu'elle me témoignait au milieu d'une admiration d'artiste plus que satisfaisante pour mon amour-propre, était la plus grande preuve possible de l'oubli où, comme homme, je suis destiné à être enseveli par elle.

En somme, c'est une femme ravissante, une nature adorable. Tu la connais, si tu te souviens bien de sa figure, qui est le moule exact de son esprit et de son caractère. C'est un esprit sérieux, c'est un caractère angélique. On voit que cette bouche n'a jamais pu dire une médisance, une méchanceté, une dureté quelconque. On sent que cette âme n'a jamais admis la pensée du mal. C'est une musique que sa voix, et toute la douceur, toute l'égalité de son âme, sont dans sa moindre inflexion, dans sa plus insignifiante parole. Elle a pourtant la prononciation nette et l'*r* un peu vibrant des femmes méridionales. Mais une distinction à la fois innée et acquise efface ce que cette habitude a de vulgaire et d'affecté chez les Languedociennes, pour n'y laisser que ce qu'elle a d'harmonieux et de secrètement énergique.

Je n'osais pas la prier de chanter ; ce fut Muiron qui s'en chargea, et j'appuyai sur la proposition. Chanter après vous, me dit-elle, serait une grande preuve d'humilité chrétienne, et je n'hésiterais pas si je le pouvais ; mais aujourd'hui, non ! je ne le pourrais pas ! Un autre jour, si vous voulez.

— Un autre jour ? lui dis-je en me levant. Il me sera donc permis de venir vous distraire encore un peu avec mes chansons ?

— Ai-je dit un autre jour ? répondit-elle. C'est bien présomptueux ! je n'ose pas vous le demander.

— Eh bien, moi, lui dis-je, je le demande comme une grâce; mais, avant tout, je tiens à ne pas tromper une personne dont je respecte la tristesse, dont je vénère la confiance. Il y a eu malentendu entre mademoiselle Muiron et moi, à coup sûr. Elle vous a dit que j'avais l'honneur d'être connu de vous, puisque vous vous êtes accusée, ce matin, d'un manque de mémoire. Mademoiselle Muiron s'est trompée absolument. Je ne me suis jamais présenté dans votre famille, je ne vous ai jamais rencontrée dans le monde, je ne vous ai vue qu'au Conservatoire, il y a quatre ans, sans que vous ayez jamais fait la moindre attention à moi.

— Eh bien! répondit-elle avec une bienveillance nonchalante, c'est égal, nous nous connaissons maintenant.

— Non, madame. Je crois que j'ai le bonheur de vous connaître, car il suffit de vous voir... mais...

— Eh bien ! c'est la même chose pour vous, dit-elle en m'interrompant : il suffit de vous entendre; vous avez l'esprit juste et le cœur vrai. Je n'ai pas besoin d'en savoir davantage pour vous écouter avec sympathie.

— Alors, vous ne m'ordonnez pas, vous me défendez peut-être de vous dire qui je suis ? C'est le comble de l'indifférence.

Le ton un peu amer que, malgré moi, je mis dans ces paroles, parut la frapper. Elle me regarda avec étonnement et jusque dans les yeux, avec une absence de timidité qui était la suprême expression d'une totale absence de coquetterie ; puis elle me tendit la main avec une grande franchise en me disant :

— Non, ce n'est pas de l'indifférence, c'est de la confiance, vous l'avez dit. Si votre figure n'est pas celle d'un galant homme, je suis devenue aveugle ; si votre intelligence n'est pas supérieure, je suis devenue inepte. De votre côté, vous ne m'avez pas regardée une seconde sans voir que j'ai cent ans ; vous n'êtes pas revenu ce soir chanter exprès pour moi, sans m'apporter l'aumône d'une profonde pitié. Cela ne m'humilie pas, vous voyez ! je l'accepte, au contraire, avec une véritable reconnaissance. Ne me dites pas qui vous êtes, et revenez demain.

Muiron était bien désappointée de la première partie de cette conclusion. Elle me suivit encore sous prétexte de me reconduire, et finit par me dire naïvement :

— Eh bien, voyons, là, monsieur, puisque vous vouliez donner à madame des éclaircissements sur votre position, donnez-les moi, ce sera la même chose !

— Non pas, mon aimable Toinette, lui répondis-je en riant ; ma *position*, comme vous dites, devient ici, grâce à vous, un secret que je me ferais un devoir de révéler à votre maîtresse, mais que je me fais un plaisir de vous taire.

— Monsieur s'amuse ! dit-elle ; à la

bonne heure! Pourtant il a tort de me traiter si mal. Il me met, moi, dans une position très délicate.

— Où vous vous êtes jetée résolument vous-même.

— Plaignez-vous, ingrat! vous brûliez de voir madame, et vous voilà accueilli par elle comme un ami.

— Vous errez, ma chère. Je ne brûlais pas de la voir, et je ne suis pas, je n'aurai jamais le bonheur d'être son ami.

— Alors... vous nous quittez? Vous ne reviendrez plus? dit-elle avec effroi.

— Je reviendrai demain et je partirai après-demain. Bonsoir, mademoiselle Toinette.

— Tenez, vous êtes amoureux, fit-elle entre ses dents en me tournant le dos. Eh bien ! puisque vous n'avez pas de confiance en moi, ce sera tant pis pour vous !

Je la quittai sur cette belle conclusion, et je me moquai d'elle intérieurement, car je jure...

Je ne sais pourquoi d'Argères ne jura pas. Il n'acheva pas sa lettre, il ne l'envoya pas à son ami, il ne partit pas. Huit jours après, il lui en envoya une plus concise que voici :

V

Lettre de d'Argères à Descombes.

Non, je ne t'oublie pas. Je t'ai écrit des volumes ces jours derniers. Je les ai mis de côté pour t'en montrer l'*épaisseur*, comme pièces justificatives de cette assertion. Mais je ne te les ferai pas lire. Au commencement d'un amour qu'on ignore en soi-même, on est très bavard. Quand on se sent pris véritablement, on devient muet. Chez moi, ce n'est pas consternation, c'est plutôt recueillement. Te voilà au fait. Je suis sous l'empire d'une passion. Si elle était partagée, je ne te dirais même pas ce qui me concerne. Elle ne l'est pas : donc j'avoue que je ne suis pas un amant heureux, mais que je suis cependant heureux de sentir que j'aime.

Je m'arrête sur ces deux mots, car je vois à ta lettre, cher ami, que tes esprits ont pris réellement un vol qui n'est pas le mien. Je dois te sembler ridicule. Cela m'est égal ; mais je ne voudrais pas te sembler importun par mon indifférence à tes préoccupations. Tu te plains de n'être plus artiste. Je n'en crois rien. Peut-on avoir goûté les suprêmes jouissances de la vie et les dédaigner pour des jouissances vulgaires ? Non. La fièvre de spéculations qui te possède en ce moment n'est autre chose elle-même qu'une fougue d'artiste. J'ai été surpris le jour où, accrochant ta palette aux pauvres murailles de ton atelier, tu m'as dit : « L'art, c'est la soif de tout. Il faut la richesse pour assouvir les besoins que l'imagination nous crée ! » Je t'ai répondu, il m'en souvient : « Prends-garde ! la soif assouvie, il n'y a peut-être plus d'artiste. » Eh bien! disais-tu, meure l'artiste, et avec lui la souffrance!

Je t'ai combattu; mais j'ai apprécié ensuite ta situation et tes facultés. Fils d'un riche et habile spéculateur, il y avait en toi des tendances innées, une capacité non développée, mais certaine, pour la spéculation. L'art t'avait séduit, il t'appelait de son côté. Tu avais pris, dès l'enfance, dans la riche galerie de ton père, la compréhension et l'enthousiasme de la peinture. Peut-être aussi mon exemple t'avait-il influencé. Blâmé, repoussé de ta famille, réduit à souffrir des privations que tu n'avais pas connues, tu as eu plus de talent que de bonheur et tu t'es découragé, peut-être au moment de vaincre !

Réconcilié avec ton père à la condition que tu abandonnerais cette carrière improductive pour le suivre dans la sienne, tu t'es jeté, d'abord avec dégoût, et puis bientôt avec ardeur, dans les jeux de la fortune. Tu as connu là de nouvelles émotions, plus vives, plus absorbantes, dis-tu, que toutes les autres. Et maintenant, tu avoues que les jouissances que la fortune achète ne sont rien et s'épuisent en un instant. Tu dis que la jouissance est précisément dans le travail, l'agitation, les transports qu'exigent et procurent les chances de gain et de perte. Je te comprends, joueur que tu es! Impressionnable et avide d'excitations, artiste en un mot, tu fais de la spéculation une espèce de passion que tu pourrais appeler l'art pour l'art.

Te dirai-je que je souffre de te voir lancé dans cette arène brûlante? J'aurais mauvaise grâce, quand c'est par toi que moi-même... Mais ce n'est pas de moi qu'il s'agit. Je ne songe qu'au péril de la situation. Je ne m'occupe pas des chances de désastre : tu les supporterais vaillamment dès que les catastrophes seraient un fait accompli, puisque jamais ton honneur ne sera mis en jeu. Mais je songe, cher ami, à la rapidité de ces existences fébriles, à l'énorme dépense de forces qu'elles absorbent, à l'étiolement prématuré des facultés qui nous ont été données pour un bonheur plus calme et des émotions mieux ménagées. Je songe à ceux que nous avons vus briller et disparaître, blasés, malades ou tristes, lassés ou éteints, au milieu de leur poursuite et jusque après avoir atteint leur but apparent, la richesse ! Je reviens à mon triste dire : la soif assouvie, l'artiste, l'homme, peut-être, sont anéantis !

Je ne t'accorde pas encore que ce soit

un mal consommé. Je suis loin de le penser, et puisque tu jettes ce cri d'effroi : « Je ne me sens déjà plus artiste ! » c'est que tu sens qu'il est encore temps de t'arrêter. Permets-moi de croire que je t'y déciderai, et que j'aurai, à mon retour à Paris, quelque influence sur toi : non pour te ramener, au grand désespoir des tiens, dans le grenier où nous avons peut-être trop souffert, mais pour te rendre au repos, aux plaisirs intellectuels, à la vérité, à l'amour, que tu commences à nier ! L'amour ! arrête-toi devant ce blasphème ! Tu parles à un amoureux qui poursuit son idéal dans les yeux d'une femme, comme tu poursuis le tien sur la roue de la fortune. Cette déesse-là est aveugle comme Cupidon, et, en somme, nous marchons tous deux dans les ténèbres ; mais je crois mon but plus réel que le tien, et les sentiers qui m'y conduisent sont bordés des fleurs de la poésie.

Ne ris pas, mon cher Adolphe : j'ai presque envie de pleurer quand je te vois railler nos rêves du passé et nos misères pleines d'espérance et de courage.

Quant au principal objet de ta lettre, je te dis non ; et mille fois merci, mon ami. Je n'y tiens pas ; je trouve que c'est assez. Pour rien au monde je ne voudrais m'embarquer sur ces mers inconnues. Je dois, je veux avec toi prêcher d'exemple.

Journal de Comtois.

Monsieur est, je le crains, un triste sire. Je ne sais pas encore ce qu'il est, mais il s'en cache si bien que ce doit être très fâcheux. Sitôt que je le saurai, je le quitterai. Le tout, c'est qu'il me ramène à Paris ; autrement, le voyage serait à ma charge.

J'ai fait la connaissance d'une voisine qui me désennuie un peu. C'est la femme de charge d'une dame folle qui demeure tout près d'ici. Elle s'appelle Antoinette Muiron et a beaucoup de conversation et d'esprit. Cette dame folle est riche et de grande maison, ce qui est cause que monsieur voudrait profiter de ce qu'elle n'a pas sa tête pour l'épouser. Mademoiselle Muiron ne dit pas la chose comme elle est, mais elle s'inquiète beaucoup de savoir qui est monsieur, et je vois à son tourment que les choses vont vite. Après tout, je ne peux rien lui apprendre de monsieur, puisque je ne le connais ni d'Eve ni d'Adam ; mais le mal qu'il se donne pour épouser une folle prouve assez qu'il n'a ni sou ni maille et qu'il ne se respecte pas infiniment.

Mademoiselle Muiron est très aimable, mais bien défiante, et quand je lui dis que sa maîtresse est aliénée, elle fait celle qui se moque de moi ; mais on ne m'attrape pas comme on veut, et je sais bien que cette dame ne sort jamais, qu'elle ne reçoit personne, excepté mon maître, qu'elle chante la nuit, et qu'elle est toujours habillée de blanc. Monsieur flatte sa manie, qui est la musique, et, de chansons en chansons, il la mettra dans le cas d'être forcée de l'épouser. Voilà son plan qui est bien visible, malgré qu'il s'en cache, même avec moi.

Narration.

Le lendemain de la journée que d'Argères avait racontée à son ami, récit qui resta dans ses papiers, Laure de Monteluz, un instant secouée par les larmes qu'avaient provoquées des chants véritablement admirables, retomba dans son inertie, et d'Argères la trouva rentrée dans son marbre comme une Galathée déjà lasse de vivre. Disons quelques mots de ce jeune homme que Comtois et Toinette trouvaient si cruellement mystérieux.

Il avait eu ce qu'on appelle une jeunesse orageuse. Beau, intelligent, richement doué, confiant, prodigue, impressionnable, il avait mangé son patrimoine. Forcé de travailler pour vivre, il n'en avait pas été plus malheureux. Malgré quelques douleurs et quelques traverses passagères, tout lui avait souri dans la vie : l'art, le succès, le gain, les femmes surtout. En cela, son existence ressemblait à celle de tous les artistes d'élite, de tous les hommes favorisés par la nature, accueillis et adoptés par le monde.

Ce qui le rendait remarquable dans le temps où nous vivons, c'est qu'après avoir usé et abusé d'une vie de triomphes et de plaisirs, il était encore, à trente ans, aussi jeune de corps et d'esprit, aussi impressionnable, aussi naïf de cœur, aussi droit de jugement que le premier jour. C'était une si belle organisation, que nul excès n'avait pu la flétrir au physique, nulle déception la déflorer au moral. Les funestes enivrements qui dévorent tant d'existences vulgaires, et même beaucoup d'existences choisies, n'avaient rien épuisé, rien terni dans la sienne. Ceci est un phénomène que l'affectation du scepticisme rend très difficile à constater de nos jours, mais dont l'existence n'est pas une pure fiction de roman. Il est encore de ces natures privilégiées dont la virginité morale est inviolable et qui ne le savent pas elles-mêmes.

D'Argères avait aimé souvent, et beaucoup aimé; mais, faute de rencontrer sa *pareille*, il n'avait jamais été lié par l'amour. Il avait souffert, il avait fait souffrir. Né pour être fidèle, il avait été volage. Sincère, il avait trompé en se trompant lui-même sur la durée et la portée de ses affections. Les amours faciles ne l'avaient pas empêché d'être l'éternel amant du difficile. L'idéal remplissait son âme sans l'attrister. Le positif avait accès dans sa vie sans la dévorer. Tout entier à ce qui le passionnait, il regardait peu derrière lui, devant lui encore moins. Pour le passé, il avait la générosité; pour l'avenir, le courage des forts.

Cet homme, oublieux sans ingratitude, entreprenant sans outrecuidance, ne se connaissait pas d'ennemis, parce qu'il n'enviait et ne haïssait personne. Il aimait l'art avec son imagination et avec ses entrailles. Il ne savait donc ce que c'est que la jalousie et les mille odieuses petitesses qui désolent la profession de l'artiste.

Il aimait le monde et la solitude, l'inaction complète et le travail dévorant, le bruit et le silence, la jouissance et le rêve. La succession rapide de ses goûts et de ses changements d'habitudes pouvait paraître du caprice et de l'inconséquence : c'était, au contraire, l'effet d'une logique naturelle qui le poussait à se compléter par des jouissances diverses.

Il aimait aussi les voyages. Il avait parcouru l'Europe, et, tout en courant vite, tout en vivant beaucoup pour son compte, son grand œil bleu qui voyait bien avait embrassé, dans une appréciation juste, les hommes et les choses. Cette expérience ne l'avait rendu ni amer ni pessimiste en aucune façon. Les belles âmes ont une bonté souveraine qui leur fait une loi facile de l'indulgence, une foi solide du progrès. Il faudrait être niais pour ne pas voir le mal, disait-il; il faut être impitoyable pour le croire éternel.

D'Argères avait donc de grands instincts religieux. Il n'est guère de véritable artiste sans spiritualisme sincère et profond. La foi de l'artiste est même plus solide que celle du philosophe. Elle n'est pas discutable pour lui, elle est son instinct, son souffle, sa vie même.

D'Argères était à la fois un grand esprit et un bon enfant. Il était homme, et c'est avouer que l'insensibilité de cette belle Laure, qu'il admirait trop pour ne pas l'aimer déjà un peu, lui fit éprouver dans les premiers moments une certaine mortification intérieure ; mais son bon sens prit aisément le dessus et il se moqua de lui-même. « Après tout, se dit-il, c'est moi qui ai voulu la voir, et l'ayant vue, c'est moi qui ai voulu me produire devant elle. Ses larmes et sa confiance sont un paiement fort honnête de mon petit mérite. Que me doit-elle de plus? » Et puis, en la voyant si navrée et comme incurable, il se prenait d'une tendre compassion pour elle. Il se reprochait généreusement de s'amuser aux bagatelles de l'amour-propre, devant une souffrance si absolue et si peu importune. Peut-on s'irriter contre le silence des tombes?

L'espèce de maladie ou plutôt de courbature morale qui pesait sur cette femme amena entre elle et d'Argères une manière d'être assez inusitée, et l'espèce d'abîme creusé entre eux par sa douleur fut précisément la cause d'une sorte d'intimité étrange et soudaine. Il est très certain qu'à cette époque, sans avoir jamais eu aucun symptôme d'aliénation, la veuve d'Octave ne jouissait pourtant pas d'une lucidité complète. Pour avoir trop contenu les manifestations d'un désespoir violent, elle avait pris une habitude de stupeur dont il ne dépendait pas toujours d'elle de sortir. Plongée ou ravie dans des contemplations intérieures, tantôt pénibles, tantôt douces, elle était devenue si étrangère au monde extérieur, qu'elle n'avait pas toujours la notion du temps qui s'écoulait et des êtres qui l'entouraient. Elle passa quelques jours dans un redoublement de fatigue pendant lequel d'Argères resta des heures entières à l'observer et à la suivre, tantôt de près, tantôt à distance, sans qu'elle se rendît bien compte de sa présence. Elle le salua plusieurs fois, comme si, à chaque fois, il venait d'arriver, oubliant qu'elle l'avait déjà salué. Elle le quitta au milieu d'un échange de paroles courtoises et revint, après avoir rêvé seule au bout d'une allée, reprendre la conversation où elle l'avait laissée, sans s'apercevoir qu'elle l'eût interrompue. Dans d'autres moments, elle vint finir près de lui une réflexion ou une rêverie qu'elle avait commencée en elle-même. Enfin, il y eut des lacunes dans son cerveau qui permirent à ce jeune homme déjà épris, de la voir plus souvent et plus longtemps que les convenances semblaient le permettre, et qui l'eussent compromise dans un pays moins désert, dans une demeure moins isolée, et sous les yeux d'une personne moins dévouée que Toinette.

Tant que d'Argères crut à l'impossibilité de devenir amoureux d'un fantôme, il se laissa aller à l'espèce d'attrait curieux qu'il éprouvait à l'observer.

Le piano était aussi pour quelque chose dans l'instinct qui l'entraînait vers le *Temple*, et qui l'y retenait une partie de la journée. Il avait l'âme pleine de pensées musicales qui recommençaient à le tourmenter et dont il demandait à sa propre audition la sanction définitive. La désolée l'écoutait de loin, voulant lui laisser sa liberté et ne pas gêner les hésitations de sa fantaisie par une attente indiscrète. La délicate réserve qu'elle y apporta fit croire parfois à l'artiste que sa jouissance musicale était épuisée, et qu'elle devenait insensible à cette distraction comme à toutes les autres. Il demanda à Toinette s'il ne devenait pas plus ennuyeux qu'agréable. Celle-ci lui répondit qu'il ne devait rien craindre : ou madame de Monteluz l'écoutait avec plaisir, ou elle ne l'entendait pas du tout, car elle avait la faculté de s'abstraire complétement.

Laure avait pris l'habitude de passer presque toute la journée en plein air. La maison ne lui offrant aucune ressource de bien-être et l'attristant sensiblement, elle cherchait le soleil, la vue des arbres, et marchait lentement mais sans relâche, sans jamais sortir de l'enclos qui, tant jardin que bosquet et prairie, présentait, au revers de la colline, un assez vaste parcours. Néanmoins, cette obstination ambulatoire, cette inaction absolue, avec une physionomie absorbée, étaient des symptômes effrayants que Toinette n'osait confier à personne, et qui, augmentant avec la santé apparente de sa maîtresse, lui faisaient perdre la tête aussi, et se jeter dans l'espoir d'une aventure de roman comme on s'attache à une ancre de sal

D'Argères observait aussi ces symptômes avec une terreur secrète. Sa répugnance pour les fous lui faisait croire que la belle Laure ne pourrait jamais être à ses yeux qu'un objet de pitié; mais, par un phénomène bien connu des imaginations vives, cette pitié et cet effroi le fascinaient et s'emparaient de sa contemplation, de sa rêverie, de sa pensée continuelle.

Il croyait l'oublier en faisant de la musique. La maison étant déserte et l'hôtesse invisible, il s'installait devant le piano, où ses idées les plus riantes prenaient, malgré lui, une teinte de sombre tristesse. Il en était épouvanté, et voulait fuir la contagion qui semblait s'être attachée à cette morne demeure et même à cet instrument qui lui semblait tout à coup humide de larmes ou brûlant de fièvre. Mais tout à coup aussi la désolée passait à portée de sa vue, et il subissait l'influence magnétique de sa marche lente et soutenue. Cette beauté, extasiée dans un rêve d'infini, s'emparait de lui comme pour l'emporter dans un monde inconnu, à travers des pensées sans issue et des énigmes sans mot. C'était un sphinx qui, sans le regarder, sans le voir, l'enlaçait irrésistiblement dans les spirales sans fin de sa promenade fantastique.

Oppressé d'une angoisse terrible, l'artiste s'élançait dehors et croisait les pas de la désolée comme pour rompre le charme. Elle se réveillait alors et venait à lui, d'abord sans le reconnaître; puis, son regard étonné s'adoucissait, un faible sourire errait sur ses traits; elle lui disait quelques mots sans suite, et, après quelques tâtonnements de sa volonté pour rentrer dans le monde réel, elle lui parlait avec une douceur pénétrante. Peu à peu, elle reprenait les grâces de la femme, grâces d'autant plus persuasives qu'elles étaient involontaires. Tantôt elle s'excusait de son manque d'égards, traitant naïvement d'Argères comme un artiste religieusement ému traite un grand maître; tantôt s'excusant de son indiscrétion et disant avec une simplicité d'enfant : « Restez, je m'en vas ! Je n'écouterai plus, je me tiendrai bien loin ! » Il semblait alors qu'elle eût oublié qu'elle était chez elle, et qu'elle s'imaginât que d'Argères était le maître de la maison et le propriétaire du piano.

Cet état de choses, insolite et bizarre dura plusieurs jours, pendant lesquels d'Argères, attiré et retenu comme le fer par l'aimant, ne rentra à Mauzères que contraint et forcé par l'heure et le sentiment des convenances. Ce peu de jours, qui pouvait avoir dans l'esprit de la désolée la durée d'un instant comme celle d'un siècle, suffit pour créer à cette dernière une habitude, un besoin d'entendre d'Argères et de l'apercevoir à chaque instant, besoin dont elle ne pouvait se rendre compte, mais qu'elle éprouvait réellement, comme on va le voir.

Vers la fin de la semaine, comme M. Comtois écrivait sur son journal : « Dieu merci, on s'en va ! monsieur m'a dit de redemander ses cravates à la lingerie, » d'Argères se sentant gagner par un trouble intérieur qu'il était encore à temps de se nier à lui-même et de combattre par la fuite, résolut de ne plus retourner au *Temple* et d'aller rejoindre à Vienne le baron, dont l'absence menaçait de se prolonger.

En conséquence, il ordonna à l'heureux

Comtois de faire sa malle pour le lendemain matin, et il s'enferma pour écrire des lettres et mettre en ordre ses papiers. Il crut devoir adresser à madame de Monteluz quelques mots d'excuse pour la prévenir que des affaires imprévues l'empêchaient d'aller prendre congé d'elle ; mais il ne put jamais trouver l'expression respectueuse sans froideur, et affectueuse sans passion. Il déchira trois fois et s'impatientait contre le problème qui s'agitait en lui, lorsqu'on frappa à sa porte. Il cria *entrez*, et vit apparaître Antoinette Muiron.

— Que diable venez-vous faire ici ? lui

dit-il avec l'espèce de dépit que l'on éprouve à la pensée d'être vaincu fatalement par un faible adversaire. Pourquoi quittez-vous votre maîtresse qui est seule, ou pis que seule, avec votre maritorne de laitière ?

— Monsieur, répondit Toinette sans se troubler d'un accueil si maussade, je ne suis pas inquiète de madame dans un moment plus que dans l'autre. Elle n'est pas folle, comme il plaît à votre valet de chambre de le dire : elle n'a jamais eu l'idée du suicide...

— Et que m'importe ce que pense mon

valet de chambre? Pourquoi connaissez-vous mon valet de chambre? Pourquoi venez-vous ici le questionner?

— Je suis venue le questionner sur votre départ, parce que j'ai vu tantôt dans vos yeux que vous ne vouliez pas revenir.

— Eh bien, après?

— Pourquoi partir demain, monsieur, puisque vous aviez encore une semaine à nous donner?

— Et pourquoi rester, je vous le demande? La tristesse de madame de Monteluz se communique à moi et me fait mal ; je ne vous l'ai pas caché ; je ne peux en aucune façon l'en distraire...

— Ah ! voilà où vous vous trompez, monsieur ! Votre musique lui faisait tant de bien !

— Ma musique, ma musique ! Qu'elle prenne un chanteur à ses gages !

— Allons, dit la Muiron avec un sourire de triomphe, c'est un dépit d'amoureux ; je le savais bien !

— Eh bien, ce serait une raison de plus pour me sauver ! Et vous, qui me retenez d'une manière si ridicule, pour ne rien dire de plus, quand vous savez fort bien qu'il n'y a de danger que pour moi, je vous trouve obsédante, folle, presque odieuse ! N'avez-vous pas dit que ce serait *tant pis pour moi?* Eh bien, allez au diable, et je dirai tant pis pour vous !

Malgré sa douceur habituelle, d'Argères était irrité. La Muiron le désarma en fondant en larmes.

— Oui, je suis folle, dit-elle, mais je ne suis pas odieuse ! J'aime ma maîtresse, et je la vois perdue si elle reste ainsi.

— Arrachez-la à cette solitude, dit d'Argères radouci; reconduisez-la chez ses parents.

— Oui, monsieur, je le ferai; mais ce sera pire. Elle n'aura pas plus de consolation, et on la tourmentera par-dessus le marché.

— Faites-la voyager!

— Oui, si elle y consentait; mais comment gouverner une personne qui vous supplie de la laisser tranquille, comme un mourant supplierait le bourreau de ne pas le torturer?

— Mais que puis-je à tout cela, moi? Rien, vous le savez de reste!

— Qui sait, monsieur ? Vous l'avez fait pleurer ; c'était déjà un grand miracle. Depuis ce jour-là, elle est encore plus triste, c'est vrai ; mais elle est aussi moins abattue. Elle vous parle dix fois par jour, tandis qu'elle passait des quarante-huit heures sans dire un mot. Elle vous voit, elle vous entend.

— Pas toujours !

— Presque toujours ! tandis qu'elle ne ne m'entendait ni ne me voyait la moitié du temps. Enfin, elle est tourmentée aujourd'hui, ce soir surtout ; elle ne sait de quoi.

— Ce n'est pas de mon départ? Elle ne s'en doute seulement pas.

— Elle n'a pas remarqué votre manière de lui dire adieu, et pourtant elle sent que vous la quittez. Quelque chose le lui dit. Elle croit que ça ne lui fait rien, et ça lui fait du mal.

D'Argères sentit que Toinette était dans le vrai. Il se défendit de plus en plus faiblement, et finit par prendre son chapeau pour la reconduire.

Dans le vestibule de Mauzères, ils virent Comtois en observation, qui dit tout bas à

Toinette avec un sourire horriblement sardonique :

— Hé bien! monsieur va voir votre malade?

— Oui, monsieur Comtois, répondit Toinette avec aplomb; ne savez-vous pas que votre maître est médecin?

Comtois, tout étourdi de cette nouvelle, retourna dans l'antichambre et écrivit sur son journal :

« Je m'en étais toujours douté : mon-
» sieur est un homme de peu : c'est un
» médecin. »

V

—

Narration.

La soirée était attristée par le vent et la pluie, et les sentiers détrempés rendaient la marche difficile. D'Argères se persuada qu'il n'accompagnait Toinette que par humanité et ne parut se rendre à aucune des raisons qu'elle employait pour retarder son départ. Quand ils furent à la porte de l'enclos, une sorte de convention tacite les poussa à y entrer ensemble, tout en parlant d'une manière générale de ce qui les intéressait l'un et l'autre. Toinette se garda bien de lui faire observer qu'il franchissait le seuil : il eût pu se raviser. D'Argères n'eut garde de paraître s'apercevoir de sa distraction : il se serait dû à lui-même de ne point faire un pas de plus.

Madame de Monteluz passait les soirées assise sur la terrasse ; mais la pluie l'avait fait rentrer. Ils la trouvèrent au salon, sur une chaise de paille, morne, les bras croisés, les yeux fixés à terre; mais elle tressaillit, contre son habitude, en se voyant surprise, et, se levant : Ah ! mes amis, s'écria-t-elle, vous ne m'aviez donc pas abandonnée? Elle pressa la main de d'Argères d'un main tremblante et glacée, et embrassa Toinette. Deux grosses larmes coulaient lentement sur ses joues.

— Abandonnée! dit Toinette éperdue. Quelle idée avez-vous eue là! Moi, vous abandonner!

— Je ne sais pas, répondit Laure, comme honteuse de son effusion, mais j'ai cru... Elle étouffa un nouveau tressaillement nerveux, et se rassit brisée.

— Qu'est-ce que vous avez donc cru? lui dit d'Argères, irrésistiblement entraîné à plier les genoux près d'elle et à reprendre ses mains dans les siennes. Voyons, je vous le disais bien, mademoiselle Muiron, vous avez eu tort de la laisser seule. Elle s'est effrayée de la nuit, de l'isolement, du silence. Elle a eu froid, elle a eu peur.

Et d'Argères, prenant à Toinette le burnous de laine blanche qu'elle apportait, en enveloppa Laure et laissa quelques instants ses bras autour d'elle comme pour la réchauffer. Dans cette amicale étreinte, l'artiste s'aperçut ou ne s'aperçut pas qu'il mettait toute son âme. Il était vaincu par son propre entraînement; il ne songeait plus à interroger le sphinx. Si la vie eût tressailli dans ce marbre, il ne l'eût pas senti, tant il était agité lui-même. Il se trouvait envahi par la passion, mais envahi tout entier, comme le sont les belles natures qui n'ont pas besoin de dompter leur ivresse, parce que leur amour est tout un respect, tout un culte. Ceux-là seuls qui n'aiment pas complétement craignent de profaner leur idole par quelque audace. Ils sont impurs, puisqu'ils craignent de communiquer l'impureté.

D'Argères ne sentit rien de semblable au fond de sa pensée. Laure restait dans ses bras, immobile et chaste : mais elle le regardait avec un doux étonnement où n'entrait aucun effroi. Elle m'aimera, se dit d'Argères, si elle peut encore aimer, car je l'aime, et par là je la mérite. Si elle m'aime, elle croira en moi, elle m'appartiendra.

Dès ce moment, il fut calme. Laure n'avait peut-être pas senti son étreinte, mais elle l'avait remarquée et ne l'avait pas repoussée. Elle était à lui, sinon par l'amour, au moins par l'amitié, puisqu'elle avait foi en lui. Étrangère aux alarmes d'une fausse pudeur, défendue de tout danger auprès d'un homme de bien, par la vraie pudeur de l'âme, elle acceptait son intérêt et ses consolations sans les avoir provoqués volontairement. Un sentiment noble quel qu'il fût, ardent ou fraternel les unissait donc déjà, grâces aux souveraines révélations des grands instincts. Aucune amertume, aucune feinte réserve, ne pouvait plus trouver place dans leurs relations.

— Allez-vous-en, dit d'Argères à Toinette, après qu'elle eut servi le thé. Je veux lui parler.

— Comment, monsieur, dit Toinette effarée, je vous gêne ?

— Oui, parce que vous ne me comprendriez pas. Je veux être seul avec elle. Entendez-vous ? Je le veux !

Elle sortit consternée, se disant qu'elle avait amené le loup dans le bergerie, et retombant dans une de ces alternatives où son caractère, mêlé de poésie et de prose, la jetait sans cesse : oser et trembler.

D'Argères présenta le thé à madame de

Monteluz; il la fit asseoir sur le moins mauvais fauteuil qu'il put trouver ; il lui mit un coussin sous les pieds, et s'y agenouillant :

— Faites un grand effort sur vous-même, lui dit-il sans préambule et avec une conviction hardie. Écoutez-moi et répondez-moi.

Toujours étonnée, mais silencieuse, elle lui répondit avec les yeux qu'elle s'y engageait.

— Qu'est-ce que vous avez cru, ce soir, en vous trouvant seule?

— Ai-je cru quelque chose?

— Oui, vous avez commencé cette phrase : J'ai cru... Il faut l'achever.

— Je ne me souviens plus.

— Souvenez-vous ! dit d'Argères.

Elle ferma les yeux comme pour regarder en elle-même, puis elle lui répondit :

— J'ai cru par moments que j'étais complétement délaissée.

— Par qui ?

— Par vous deux. Par vous, c'était tout simple, et je ne pouvais ni m'en étonner ni m'en plaindre, mais par Toinette... je n'y comprenais rien... Attendez! Oui, j'étais, sous l'empire d'un mauvais rêve.

— Est-ce que vous avez dormi?

— Je ne crois pas. Je rêve aussi bien quand je suis éveillée que quand je dors; et, d'ailleurs, je ne distingue pas toujours bien ma veille de mon sommeil. Ah çà! ajouta-t-elle après une pause inquiète, est-ce que vous ne savez pas que je suis folle?

— Pourquoi me retirez-vous vos mains? dit d'Argères frappé de son mouvement.

— Parce que l'on ne s'intéresse pas aux

fous, je le sais. Quelque doux et soumis qu'ils soient, on en a peur. Si donc vous ne connaissez pas ma situation, si Toinette ne vous a pas dit que j'étais une sorte d'idiote tranquille, privée de mémoire et incapable de suivre un raisonnement, il faut que vous le sachiez.

— Pourquoi ?

— Parce que je vois bien que vous me portez un généreux intérêt, et que je ne veux pas en usurper plus que je n'en mérite.

— Vous méritez tout celui dont je suis capable, si votre mal moral est involontaire. Là est la question; confessez-vous.

— Me confesser? dit madame de Monluz, dont la figure s'assombrit; et pourquoi donc?

— Pour que je sache si je dois vous aimer.

— M'aimer! moi? s'écria-t-elle en se levant avec effroi. Oh! non! jamais, personne, entendez-vous bien!

— Est-ce que vous croyez que je vous demande de l'amour? dit d'Argères. Pourquoi cette frayeur?

— C'est une frayeur d'enfant imbécile, si vous voulez, dit-elle en se rasseyant; mais, pour moi, le mot aimer est un mot terrible; et quand quelqu'un auprès de moi le prononce... Non! non! je ne veux pas seulement que Toinette me dise qu'elle m'aime! Aimer un être mort, c'est affreux! je sais ce que c'est!

— Alors, vous voulez seulement qu'on vous plaigne. Vous n'acceptez, comme vous dites, que la pitié.

— Pourquoi la repousserais-je? C'est un bon, un divin sentiment, qui fait encore plus de bien à ceux qui l'éprouvent qu'à ceux qui en sont l'objet. Je sens cela en moi-même quand je m'aperçois que j'oublie mon mal auprès des autres malheureux.

— Si vous connaissez encore la pitié, vous êtes encore capable d'aimer, car la pitié est un amour.

— Un amour général qui ne s'attache pas à un seul être au détriment de tous les autres. Voilà celui que j'accepte, et que je peux payer par la reconnaissance.

— Cela est très logique, dit d'Argères en souriant pour cacher l'effroi que lui causait la fermeté de son accent, et pour une personne idiote ou folle, c'est assez puissant de raisonnement. Puisque vous êtes en ce moment si lucide, résumons-nous : Vous ne voulez pas être aimée à l'état d'individu, mais secourue et consolée par des charités toutes chrétiennes, parce que vous ne valez pas la peine qu'on se consacre à vous en particulier. Pourtant si Toinette s'absente une ou deux heures, vous êtes inquiète, vous vous affligez.

— Oui, je suis faible, mais je ne suis pas injuste ; je ne lui adresse, ni des lèvres ni du cœur, aucun reproche.

— Mais pourtant sa vie entière est absorbée dans la vôtre, et vous acceptez ce dévoûment. Donc, vous pouvez faire exception à votre rigidité d'abnégation en faveur de quelqu'un, et vous sentez bien que ce quelqu'un vous aime.

— Ah! monsieur, même de la part de Toinette, qui m'a élevée, qui s'est fait, de me soigner, une habitude impérieuse et un devoir jaloux, cela me cause des remords. Vous avouerai-je... Oui, vous voulez que je me confesse! Eh bien! il y a des heures, des jours entiers où ce remords est si poignant, où je suis si révoltée contre moi-même d'accaparer ainsi, au profit de ma misérable demi-existence, le dévoûment d'une personne qui a le droit et le besoin d'exister pour elle-même; enfin, je me fais quelquefois tellement honte et aversion, que j'ai des pensées de suicide et que j'y céderais si je ne craignais de laisser des remords imaginaires à cette pauvre fille. Alors, voyez-vous, il me prend des envies sauvages de la fuir, de fuir tout le monde, de n'être plus à à charge à personne... Ah! si je savais un désert que je pusse atteindre en liberté! Celui-ci m'a affranchi de la souffrance de mes proches; mais déjà on me réclame, on me rappelle... et il n'est d'ailleurs pas assez profond, puisque m'y voilà avec Toinette qui m'aime et vous qui parlez de m'aimer!

Le raisonnement est inattaquable, pensa d'Argères, qui l'écoutait sans dépit, parce qu'il voyait en elle une sincérité complète. Je ne vaincrai pas sa douloureuse sagesse. Voyons si les entrailles sont muettes et si tout instinct d'affection humaine est éteint pour jamais.

Il se leva en silence, lui baisa la main, et sortit. Toinette était sur le palier, essayant de voir et d'entendre. Il la repoussa avec autorité et resta quelques instants seul et attentif au moindre bruit. Que Dieu me pardonne de la torturer peut-être! pensa-t-il en collant son oreille à la porte. Ce sera son salut.

Il entendit enfin un brusque sanglot et rentra vivement. Laure s'était laissée tomber, assise sur ses genoux, les mains pendantes, les cheveux dénoués, des larmes sur les joues, dans une attitude de Madeleine au désert. Elle était si belle dans sa douleur qu'il en fut ébloui. Il eût osé baiser ses larmes s'il eût été certain, dans le premier moment, de les avoir fait couler.

Mais le sphinx resta muet. Elle se releva précipitamment en voyant d'Argères à ses côtés, et parut croire qu'elle s'était trompée en pensant qu'il la quittait pour toujours.

— Que faisiez-vous là à genoux? lui dit

tristement d'Argères un peu découragé.

— Je priais, dit-elle.

— Et que demandiez-vous à Dieu?

— De vous donner du bonheur et de me faire bientôt mourir, répondit-elle d'un ton de candeur évangélique.

—Mourir! reprit d'Argères abattu. Oui, c'est le refuge des âmes glacées qui ne veulent plus aimer.

— Dites qui ne peuvent plus! Écoutez, ne me croyez pas si lâche que de ne pas avoir lutté. Ne me jugez pas comme fait ma belle-mère, qui me dit que je nourris ma douleur parce que j'aime ma douleur. Non, non, personne n'aime la souffrance! Tous les êtres la fuient. J'ai voulu, j'ai souhaité guérir; je le voudrais encore, si j'espérais en venir à bout. J'ai obéi à toutes les prescriptions physiques et morales. J'ai écouté le prêtre et le médecin. J'ai recouvré la santé du corps, et croyez bien que ce n'est pas sans peine et sans un mortel ennui que j'ai pu suivre un régime et consacrer du temps à me cultiver comme une plante précieuse, quand je me sentais pour jamais privée de soleil et de parfums. On me disait: Guérissez le corps, la santé morale reviendra. Quelle santé morale? La résignation? On en a de reste devant les maux accomplis et sans remède. La soumission aux volontés de Dieu? Comment pourrais-je me révolter contre ce qui m'a écrasée? Tenez, on succombe à cette guérison-là. Elle s'est faite en moi, et pourtant j'entre toute vivante dans les ténèbres de la mort. Je me porte bien, et je perds mes facultés. Ma volonté m'échappe, mes forces intellectuelles s'émoussent. Je ne souffre même plus, je m'ennuie!

— Alors, dit d'Argères profondément attristé, vous ne voulez plus lutter? Vous n'essaierez plus rien pour sauver votre âme?

— Je n'ai pas dit cela, reprit-elle, je ne le dirai jamais. Je crois à la bonté sans bornes de Dieu, mais je crois aussi à nos devoirs sur la terre. Jusqu'à mon dernier jour de lucidité, je me défendrai de mon mieux contre les vertiges qui m'envahissent. Vous voyez bien que je le fais ; vous exigez que je parle de moi, et j'en parle ! C'est pourtant la chose la plus difficile et la plus pénible que je puisse me commander à moi-même.

— Vous avez raison de le faire, et je ne veux pas vous en remercier. Ce n'est pas pour moi que vous le faites : c'est pour vous ; dites avec vérité que c'est pour vous !

— C'est pour ma famille qui est contristée, humiliée et scandalisée de ma situation d'esprit ; c'est surtout pour cette pauvre fille qui me sert, qui ne m'a jamais quittée, qui a ses travers, je le sais, mais dont l'affection et la patience effacent toutes les taches devant Dieu et devant moi ; c'est pour vous en cet instant ! pour vous à qui je ne veux pas léguer, pour remercîment de quelques jours de commisération, l'exemple d'un abandon de moi-même, qui pourrait, si jamais vous êtes malheureux, vous faire croire à l'abandon de Dieu envers ses créatures.

— Ainsi ce n'est pas pour vous-même ?

— Pour moi ! Ah monsieur ! vous ne savez pas une chose effrayante... Non, je ne veux pas vous la dire !

— Dites-la ! s'écria d'Argères, dont la passion croissante s'armait d'une volonté capable d'exercer une sorte d'ascendant magnétique.

— Eh bien, répondit-elle, le suicide moral a de plus grands attraits encore que le suicide matériel, si on s'y laissait aller.... Il y a dans l'oubli de la réalité, dans le rêve du néant, dans le trouble de la folie, un charme épouvantable qui semble parfois la récompense et le soulagement promis aux violentes douleurs longtemps comprimées !

— Taisez-vous ! dit d'Argères; cette pensée doit vous faire frémir. Elle est impie; chassez-la de votre cœur à jamais; craignez qu'elle ne soit contagieuse pour ceux qui vous comprendraient !

— Oui, vous avez raison ! répondit-elle vivement en lui saisissant le bras comme si elle eut craint, cette fois, de rouler dans un abîme ouvert sous ses pieds. Vous avez raison ! vous avez une âme vraiment croyante, vous; vous me parlez comme un père... vous faites du bien, c'est là ce qu'il faut me dire ! Et quoi, encore ? Parlez-moi, vous me faites du bien !

— Si cela est, s'écria d'Argères en la saisissant dans ses bras et en l'y retenant, vous êtes sauvée! je le jure devant Dieu! Restez là, sans honte, sans crainte, et reposez cette tête malade sur un cœur plein de jeunesse et de force! Fiez-vous à moi qui ne vous demande rien et qui ne pourrais vouloir de vous que ce que vous ne pouvez pas me donner, une affection complète et absolue. Fiez-vous entièrement, Laure; je suis trop fier pour songer à égarer l'esprit d'une femme comme vous; je me respecte trop moi-même pour ne pas vous respecter. Votre pudeur alarmée en ce moment me serait une injure mortelle. Écoutez-moi donc et croyez-moi

Ce n'est pas moi, un inconnu, un passant qui vous parle : c'est quelque chose qui est en moi et qui me commande de vous parler ; quelque chose de supérieur à votre volonté et à la mienne ; c'est la voix de l'amour même qui remplit mon sein et qui déborde, mais sans délire, sans effroi, sans hésitation. Laure, je vous aime. Je pourrais vous cacher que c'est une passion qui m'envahit ; vous offrir seulement, pour vous tranquilliser, une amitié douce et fraternelle. Je vous tromperais ; ce serait un plan de séduction, ce serait infâme. Il faut que vous acceptiez mon amour pour accepter mon amitié, car l'amitié est dans l'amour vrai, et si l'un vous effraye, l'autre vous est nécessaire. Vous devez guérir, vous voulez ne pas perdre la notion de Dieu et le titre sacré de créature humaine. Arrière donc l'abîme décevant de la folie! Qu'il soit à jamais fermé! Oubliez que vous y avez plongé un regard coupable. Ayez la volonté, respectez-vous, aimez-vous vous-même, voilà tout ce que je vous demande, tout ce que je prétends vous persuader en vous aimant. Ne vous inquiétez pas, ne vous occupez pas de moi, ne voyez en moi que le médecin sérieux de votre noble intelligence ébranlée. Je ne peux pas souffrir de mon rôle : j'ai la foi. Quand même je souffrirais, d'ailleurs! Je ne suis pas sans courage, et je vous dis pour vous rassurer : Sachez que je souffrirais devantage si je vous quittais maintenant.

Il lui parla encore avec effusion et trouva l'éloquence du cœur pour la convaincre. Elle l'écouta sans lui imposer silence, sans relever sa tête qu'il avait attirée sur son épaule, sans exprimer, sans ressentir le moindre doute sur la sincérité et la force du sentiment qu'il exprimait. Il y eut même un instant où, bercée par le son de sa voix, elle ferma les yeux et l'entendit comme dans un rêve. D'Argères avait gagné en partie la cause qu'il plaidait : elle avait foi en lui.

Mais elle ne pouvait retrouver si vite la

foi en elle-même, et, se relevant doucement, elle lui dit avec un sourire déchirant :

— Oui, vous êtes grand, vous êtes vrai, vous êtes jeune, pur et bon. J'accepte de vous la sainte amitié; je voudrais pouvoir accepter le divin amour? Eh bien, je me suis interrogée en vous écoutant, et chacune de vos paroles m'a éclairée sur moi-même. Je ne peux pas accepter une si noble passion, et pour qu'elle s'efface en vous, pour que l'amitié seule me reste, il faut que nous nous quittions pour longtemps. Vous souffririez près de moi de me sentir indigne d'être si bien aimée. Oui, oui! je sais ce que vous souffririez de la disproportion de nos sentiments. Ah! ceux qui se laissent aimer...

— Que voulez-vous dire?

— Rien; ne m'interrogez pas; ne réveillons pas ma mémoire; ne songeons pas trop non plus à l'avenir. J'ai peur de tout ce qui n'est pas le moment où je vis. Je vis si rarement! En ce moment-ci, je vis, grâce à vous; je crois au tendre intérêt, aux sollicitudes infinies, à l'immense dévoûment; cela suffit à me faire un bien immense. Soyez donc béni, et que le côté le plus sublime de votre attachement pour moi soit satisfait et récompensé. Je peux vous dire que je guérirai peut-être, ou tout au moins que je veux, que je désire guérir. Voilà tout le baume que, quant à présent, vous pouvez verser sur ma blessure. Davantage serait trop. J'y succomberais peut-être. Je n'ai pas la force de regarder le ciel, moi dont les yeux ne peuvent même pas supporter l'ombre. Je deviendrais aveugle; j'éclaterais comme l'argile à un feu trop ardent. Quittez-moi, et dites-moi seulement que ce n'est pas pour toujours! Toujours! c'est une idée affreuse, c'est comme la mort! Quand j'ai cru, ce soir, que je ne vous reverrais plus... je l'ai cru deux fois, d'abord dans une sorte d'hallucination, pendant que Toinette s'était absentée, et puis tout à l'heure avec une lucidité plus cruelle, quand vous êtes sorti... eh bien ! dans ma frayeur, je vous pleurais... car je vous aimais, et je vous aime ! oui, autant que je peux aimer maintenant ! ne vous y trompez pas. C'est peu de chose, au prix de ce que vous m'offrez. C'est un mouvement égoïste, comme celui de l'enfant qui s'attache à un secours sans être capable de rendre la pareille. Vous ne devez pas consacrer votre vie, pas même une courte phase de votre vie, à un être frappé de la plus funeste ingratitude, celle qui s'avoue et ne peut se vaincre. Quand même vous en auriez l'admirable courage, je refuserais, moi ! car je me prendrais en horreur et mon scrupule deviendrait intolérable. Adieu, adieu! quittez-moi, oubliez-moi quelque temps; vivez! Si je guéris, si je me sens renaître, ne fussé-je digne que de l'amitié que vous m'aurez conservée, je vous la réclamerai. Vous êtes trop parfait pour n'avoir pas inspiré déjà d'ardentes amours. Elles n'ont pourtant pas été à la hauteur de votre âme, puisque vous n'avez aucun lien qui vous ait empêché de m'offrir cette âme dévouée; mais c'est, dans votre destinée, une lacune qui sera comblée promptement. Mal ou bien, vous serez encore récompensé mieux que par moi, jusqu'à l'heure où vous rencontrerez la femme entièrement digne de vous. Celle pensée ne trouble pas l'espérance que je garde de vous retrouver et d'être pour vous quelque chose comme une sœur respectueuse et tendre.

Tel fut le résumé, souvent interrompu, des réponses de Laure. En la trouvant si nette dans ses idées et si fortement retranchée dans une humilité douloureuse, l'artiste s'affligea plus d'une fois, mais il ne désespéra pas un instant. Il repoussait l'idée d'une séparation; il refusait l'épreuve de l'absence. Il sentait bien que l'amour se communique par la volonté. Si Laure n'était pas de ces organisations débiles qui en ressentent et en subissent la surprise physique, elle n'en était que mieux disposée à comprendre et à partager une passion complète et vraie. C'était une femme dont il fallait d'abord posséder le cœur et l'esprit. D'Argères n'était par au-dessous d'une telle tâche.

Il ne voulut pas augmenter l'effroi qu'elle avait d'elle-même et promit de se soumettre à toutes ses décisions; mais il demanda deux ou trois jours avant d'en accepter une définitive, et il fut autorisé à revenir le lendemain matin.

VII

Le même soir, en rentrant, d'Argères écrivit la lettre suivante :

« Laure, je suis bien heureux ! vous croyez en moi. Vous n'avez admis aucun doute sur ma loyauté. Vous m'avez rendu bien fier, bien reconnaissant envers moi-même. Jamais je n'ai senti si vivement le prix d'une conscience *sans peur et sans reproche.*

» Vous m'avez rempli d'orgueil pour la première fois de ma vie. Oui, vraiment, voici la première fois que j'obtiens une gloire qui m'élève au-dessus de moi-même. C'est que vous êtes une femme unique sur la terre. Est-ce la nature ou la douleur qui vous a faite ainsi? Personne ne vous ressemble. Vous subjuguez comme en dépit de vous-même. Vous ignorez, non pas seulement la puérile coquetterie de votre sexe, mais encore la légitime puissance de votre beauté physique et morale. Vous êtes humble comme une vraie chrétienne, naïve comme un enfant, simple comme le génie. Je ne sais pas encore quel génie vous avez, Laure : peut-être aucun que le vulgaire puisse apprécier ; mais vous avez celui de toutes choses pour qui sait vous comprendre. Vous avez surtout celui de l'amour. Il se manifetse dans la terreur même qu'il vous cause, dans votre refus de l'essayer encore. Eh bien, j'attendrai. J'attendrai dix ans, s'il le faut ; mais, certain de ne retrouver nulle part un trésor comme votre âme, je ne renoncerai jamais à le conquérir ; mon espérance ne s'éteindra qu'avec ma vie.

» Avant de vous revoir, Laure, et comme

je ne veux, auprès de vous, m'occuper que de vous, je viens vous parler de moi, de mon passé, de ma vie extérieure. Malgré votre sublime confiance, je me dois à moi-même de vous faire connaître, non pas l'homme qui vous aime, il est tout entier dans l'amour qu'il a mis à vos pieds, mais l'homme que les autres connaissent, l'artiste que vous croiriez peut-être appartenir au monde et qui n'appartiendra plus jamais qu'à vous.

» Vous m'avez dit, la première soirée que j'ai passée auprès de vous, que vous aviez entendu parler d'Adriani, un chanteur de quelque mérite, qui disait sa propre musique, et dont les compositions vous avaient paru belles. C'était un souvenir, qui, chez vous datait d'avant vos chagrins. Je vous ai questionnée sur son compte, feignant de ne pas le connaître, afin de savoir ce que vous pensiez de lui. Vous ne l'aviez jamais vu, disiez-vous, parce que, à l'époque où il commença à faire un peu de bruit, vous veniez de quitter Paris pour vivre en Provence. Vous aviez su qu'il était parti peu de temps après pour la Russie; et puis, le malheur vous ayant frappée, vous aviez perdu la trace de ses pas et le souvenir de son existence; mais vous disiez que vous aviez quelquefois chanté ou lu ses compositions dans ces derniers temps, et que vous trouviez, dans ce que je vous avais chanté, le même, des formes qui vous rappelaient sa manière.

» Vous m'avez dit encore : « Je n'ai guère l'espérance de jamais l'entendre. S'il revient en France (il y est peut-être maintenant), ce n'est pas un homme à courir la province, et on ne le verra jamais sur aucun théâtre. On m'a dit qu'il avait de quoi vivre chétivement sans se vendre au public et qu'il ne chantait que pour des salons amis, pour un auditoire d'élite, sans accepter aucune rétribution. On n'oserait même pas lui en proposer une, à moins que ce ne fût pour les pauvres. Il a conservé l'indépendance d'un homme du monde, bien qu'il soit pauvre lui-même. Cela est à sa louange. » Et vous avez ajouté : « J'ai regretté autrefois de ne pas l'avoir connu ; mais ajourd'hui j'en suis toute consolée. Malgré tout ce qu'on m'a dit de son originalité, il ne me semble pas qu'il puisse vous être supérieur. »

» Eh bien! Laure, cet Adriani, c'est moi. Je m'appelle effectivement d'Argères, et je suis d'une famille noble, mais mon nom de baptême est Adrien. Né en Italie, j'ai pu, sans déguisement puéril, italianiser ce prénom. Mon père occupait d'assez hauts emplois dans la diplomatie. J'avais été élevé avec soin, j'étais né musicien. Je me suis développé comme voix et comme instinct sous un soleil plus musical que le nôtre. J'ai beaucoup vécu, dans mon adolescence, avec le peuple inspiré du midi de l'Europe et des côtes de la Méditerranée. Tout mon génie consiste à n'avoir pas perdu, dans l'étude technique et dans le commerce d'un monde blasé, le goût du simple et du vrai qui avait charmé mes premières impressions, formé mes premières pensées.

» Orphelin de bonne heure, je me suis trouvé sans direction et sans frein à l'âge des passions. J'avais quelque fortune et beaucoup d'amis, les artistes en ont toujours, car déjà on m'écoutait avec plaisir. Italien autant que Français, jusqu'à l'âge

de ma majorité, je ne connus la France
que dans le monde des grandes villes d'I-
talie. Je dissipai mes ressources dans une
vie facile, enthousiaste, folle même, au
dire de mon conseil de famille, et dans
laquelle je ne retrouve pourtant rien qui
me fasse rougir. Ruiné, je ne voulus pas
vivre de hasards et d'industrie comme tant
d'autres; je ne voulus point m'endetter;
je résolus de tirer parti de mon talent. Mes
grands parents jetèrent les hauts cris et
m'offrirent de se cotiser pour me faire une
pension. Je refusai : cela me parut un ou-
trage, mais, pour ne pas blesser en face
leurs préjugés, je vins en France; je me
mis en relation avec des artistes; je chan-

tai dans plusieurs réunions ; j'y fus goûté, encouragé, et je cherchai à me procurer des élèves ; mais cette ressource arrivait lentement, et le métier de professeur m'était antipathique. Démontrer le beau, expliquer le vrai dans les arts, c'est possible dans un cours, à force de talent et d'éloquence ; mais dépenser toute ma puissance pour des élèves, la plupart inintelligents ou frivoles, je ne pus m'y résigner. Mon temps se laissait absorber, d'ailleurs, par des leçons à quelques jeunes gens bien doués et pauvres qui me dédommageaient intellectuellement de mes fatigues, mais qui ne pouvaient conjurer ma misère.

» La misère, je ne la crains pas extraordinairement; je ne la sens même pas beaucoup quand elle ne se convertit pas en solitude. La solitude me menaçait. Je mis l'amour dans mon grenier. Il me trompa. L'idéal pour moi, c'est de vivre à deux. Il ne se réalisa pas. Je respecte mes souvenirs; mais le milieu où je pouvais mériter et savourer le bonheur vrai ne se fit pas autour de moi; et j'avais, d'ailleurs, une soif trop ardente de joies parfaites qui ne sont pas semées en ce monde et qu'on n'y rencontre probablement qu'une fois.

» Je ne brisai rien, j'échappai à tout. Je ressentis et je causai des chagrins dont il ne m'appartenait pas de trouver le remède. La fuite seule pouvait en faire cesser le renouvellement. Je partis. Je voyageai. Le produit fort modeste de quelques publications musicales, qui eurent du succès, me permit de ne rien devoir à la libéralité de mes enthousiastes. Pour un homme qui a quelque talent spécial et point d'ambition, le monde est accessible, et partout je me vis comblé d'égards, ce que je préférai à être comblé d'argent. Je pus consentir à être associé aux plaisirs des riches et des grands de la terre, et je peux dire que je n'y fus pas recherché seulement comme chanteur. On voulut bien me traiter comme un homme, quand on me vit me conduire en homme. Je ne sache pas avoir eu à payer d'autre écot que celui d'être et de demeurer moi-même. Et, en vérité, je ne comprends guère qu'un artiste qui se respecte ait besoin d'autre chose que d'un habit noir et d'une complète absence de vices et de prétentions pour se trouver à la hauteur de toutes les convenances sociales. Je ne me fais, au reste, qu'un très léger mérite d'avoir su renoncer aux vanités et aux emportements de la jeunesse, dès le jour où la satisfaction de ces appétits violents me fut refusée par la fortune. Je ne devins point un sage : les plaisirs courent assez d'eux-mêmes après celui qui sait en procurer aux autres et qui ne s'en montre pas trop affamé. Mais je corrigeai en moi le travers du désordre, qui est une paresse de l'esprit, et je reconnus que j'avais conquis la liberté du lendemain avec un peu de prévoyance dans le jour présent.

» Enfin je ne souffris pas de jouir du luxe des autres et de me dire que je n'aurais en ma possession que le nécessaire. Ces besoins qu'éprouvent les artistes de devenir ou de paraître grands seigneurs m'ont toujours semblé des faiblesses de parvenus. L'homme qui a possédé par lui-même n'a plus cette fièvre d'éblouir qui dévore les pauvres enrichis. Élevé dans le bien-être, je ne méprisais ni n'enviais des biens dont ma prodigalité avait su faire gaiement le sacrifice à mes plaisirs, mais que je n'aurais pu reconquérir sans faire le sacrifice de ma fierté et de mon indépendance.

» La fortune est quelquefois comme le monde : elle sourit à ceux qui ne courent point sur ses pas. Un petit héritage très inattendu me permit de revenir à Paris. Je me fis encore entendre, j'eus de grands succès. Le public grossissait dans les réunions d'abord choisies, puis nombreuses et ardentes où je me laissais entraîner. Le public voulut m'avoir à lui. L'Opéra m'offrit et m'offre encore un engagement considérable. Les élèves assiégeaient ma porte. Les concerts me promettaient une riche moisson. J'ai tout refusé, tout quitté pour aller revoir la Suisse, le mois dernier. J'avais placé, de confiance, ma petite fortune chez un ami qui, sans me rien dire, l'avait risquée dans une opération commerciale que je ne connais ni ne comprends, mais qu'il regardait comme certaine. S'il l'eût perdue, je ne l'aurais jamais su; il me l'eût restituée. Il l'a décuplée. Pendant que je gravissais les glaciers et que mon âme chantait au bruit des cataractes, je devenais riche à mon insu : je le suis ! 'ai cinq cent mille francs. Je n'ai pas connu mon bonheur tout de suite. J'ai si peu de désirs dans l'ordre des choses matérielles maintenant, que j'aurais perdu sans effroi cette richesse relative, le lendemain du jour où elle me fut annoncée ; mais aujourd'hui, aujourd'hui, Laure, elle me rend heureux, puis qu'elle me permet de me donner à vous. Je m'appartiens ! Où vous voudrez vivre, je peux vivre et vous faire vivre à l'abri des privations. Votre Toinette m'a dit que vous étiez riche ; je ne sais ce qu'elle entend par là ; j'ignore si vous l'êtes plus ou moins que moi. Je vous avoue que je ne m'en occupe pas et que cela m'est indifférent. Il est des sentiments qui n'admettent pas ce genre de réflexions. Je vous connais assez pour savoir que si vous m'aimiez assez pour être à moi, vous m'eussiez accepté pauvre comme je vous accepterais riche, sans me préoccuper des soupçons d'un monde auquel ni ma vie ni ma conscience n'appartiennent.

» Si vous chérissez la solitude, nous chercherons la solitude ; nous la trouverons aisément à nous deux ; car, pour une femme, elle n'existe nulle part sans une protection. Vous n'aurez pas à craindre de m'arracher à une vie agitée et brillante. Je suis repu de mouvement, et mon soleil à moi est dans mon âme : c'est mon amour, c'est vous ! D'ailleurs, je n'ai jamais compris cet autre besoin factice que la plupart des artistes éprouvent de se trouver en contact avec la foule. Je ne suis pas de ceux-là. Je ne hais ni ne méprise ce qu'on appelle le public. Le public, c'est une pétite députation de l'humanité, en somme, et j'aime, je respecte mes semblables. Mais c'est par mon âme, ce n'est point par mes yeux et par mes oreilles que je suis en rapport avec eux. Si une bonne et belle pensée se produit en moi, je sais qu'elle leur profitera, et je pressens leur sympathie en dehors du temps et de l'espace. La répulsion ou l'engouement du public immédiat peut errer, mais la réflexion des masses redresse l'erreur. Il faut donc contempler le vrai dans l'homme face à face, être pour ainsi dire en tête à tête avec l'âme de l'humanité dans les conceptions de l'intelligence et dans les inspirations du cœur. Voilà le respect, voilà l'affection qu'on doit aux hommes, et dans cette notion de leur confraternité avec nous-mêmes, ceux de l'avenir autant que ceux d'aujourd'hui comparaissent pour nous servir de juges, de conseils ou d'amis.

» Mais dans le besoin de les voir sourire, de respirer leur encens, comme dans la crainte poignante de ne pas être compris d'emblée, il y a quelque chose de maladif qui ne tiendrait pas contre une pensée sérieuse, si le talent qui se produit était sérieux et prenait son siége dans la conscience.

» Laure, tu pourras m'aimer, je le sens, je le veux! Jamais, quand je me suis prosterné en esprit devant Dieu, source du vrai et du bon, pour lui demander de me garder dans ses voies, il ne m'a laissé impuissant à produire des accents vrais, des idées élevées. En ce moment, je lui demande ses dons les plus sublimes, l'amour vrai partagé; mais je l'implore avec tant de feu et de naïveté qu'il m'exaucera.

» Nous irons où tu voudras; nous resterons ici, nous parcourons des pays nouveaux, nous nous cacherons sous terre, nous dépenserons ma petite fortune en un jour, ou nous assurerons par elle l'équilibre à notre avenir. Tu n'as pas de volontés, je le sais. Je veux, j'attends que tu en aies. Je serai bien heureux le jour où je verrai poindre seulement une fantaisie, et je sens que, pour la satisfaire, je transporterai, s'il le faut, des montagnes.

» Laisse-toi aimer, ne me plains pas d'aimer seul. Ne sais-tu pas que c'est déjà du bonheur que tu me donnes en m'élevant à la plénitude de mes propres facultés, en me plaçant au faîte de ma propre énergie !

» Laisse-toi aimer, ange blessé! Un jour, je te le jure, tu remercieras Dieu de me l'avoir permis.

» A toi, à toi malgré toi, et pour toujours.

» ADRIANI. »

Journal de Comtois.

Monsieur est un homme de rien. C'est un artiste ! Je m'en étais toujours douté. J'ai lu, par hasard, ce soir, un vieux morceau de journal dont je me sers pour me mettre des papillotes. Il y avait dessus, à la date de janvier dernier : « Le célèbre
» chanteur et compositeur Adriani, dont
» le nom véritable est d'Argères, est enfin
» revenu des neiges de la... et s'est fait
» entendre dans les salons de... où il a
» ravi une foule de..... méthode..... les
» femmes... sa beauté idéale... un enga-
» gement... l'Opéra... » Le reste des lignes manque ; mais c'est assez clair

comme ça ; et me voilà dans une jolie position ! Valet de chambre d'un chanteur, d'un histrion, sans doute ! Je vas écrire à ma femme de me chercher une place. En attendant, j'espère bien qu'il ne me fera pas banqueroute de mon voyage. D'ailleurs, l'intrigant va faire fortune. Il épouse sa folle, puisqu'il en est revenu ce soir passé minuit. Elle le battra, c'est tout ce que je lui souhaite pour m'avoir si bien attrapé.

Narration.

D'Argères, ou plutôt Adriani, car c'est sous ce nom que son existence avait pris de l'éclat, dormit mieux qu'il n'avait fait depuis huit jours. Il ferma sa lettre, qu'il voulait envoyer à Laure avant de la revoir, et goûta un repos délicieux, bercé par les riantes fictions de l'espérance. En s'éveillant, il sonna Comtois pour le charger de sa missive. Mais Comtois avait une figure et une attitude si extraordinaires, qu'il hésita à mettre son secret dans les mains d'un être bavard, sot et curieux.

— Voilà monsieur réveillé! fit Comtois d'un air qu'il croyait être goguenard et qui n'était que stupide. Sans doute monsieur a bien dormi? Il ne souffre pas du mal de dents, lui! Ce n'est pas comme moi, qui n'ai pas pu fermer l'œil : ce qui m'a induit à lire de vieux journaux où j'ai trouvé des choses bien drôles !

— Si vous êtes malade, Comtois, allez vous recoucher. Je me passerai de vous.

— J'aimerais mieux que monsieur me donne une petite consultation.

— Pour les dents? Je ne saurais. Je n'y ai eu mal de ma vie.

— Ah! c'est que je croyais monsieur médecin?

Ici Comtois, voulant se livrer à un rire sardonique, fit une grimace si laide qu'Adriani le crut en proie à de violentes souffrances. Il insista pour le renvoyer; mais Comtois n'en voulut pas démordre, et s'acharna à raser son maître.

— Que monsieur ne craigne rien, lui dit-il en se livrant à cette opération quotidienne où il excellait et dont il tirait une incommensurable vanité ; je raserais, comme on dit, les pieds dans le feu. J'ai la main si légère que, eussé-je des convultions, par suite de mes dents, vous ne me sentiriez point. Je sais ce qu'on doit de précautions, surtout quand on approche le rasoir d'un gosier comme celui de monsieur. Quant à moi, on pourrait bien me couper le sifflet, l'Opéra n'y perdrait rien;

mais peut-être qu'il y a des mille et des cent dans le gosier de monsieur.

Le drôle sait qui je suis, pensa Adriani : j'ai bien fait d'écrire. Il faut que je me hâte de courir là-bas, avant qu'il ait eu le temps de bavarder avec Toinette.

Comme il sortait, Adriani vit arriver la chaise de poste du baron de West qui revenait de Vienne, et qui, de loin, lui faisait de grands bras. Désolé de ce contre-temps, il feignit de ne pas le reconnaître et se jeta dans les vignes. A travers les pampres, il vit la voiture qui s'arrêtait, ce qui lui fit craindre que le baron ne courût après lui. Il se glissa le long d'une haie, et se trouva en face de la vachère du Temple, qui prenait le plus court à travers les vignes pour gagner la route.

— Où allez-vous? lui dit-il.

— Je vas porter une lettre à M. d'Argères, répondit-elle. C'est-il vous qui s'appelle comme ça?

Adriani ouvrit le billet. Il était de la main de Toinette.

« Madame n'a pas bien dormi cette nuit. Elle gardera la chambre ce matin. Elle prie bien monsieur de ne venir qu'après midi. »

— Retournez vite au Temple, dit Adriani, et remettez ceci à madame elle-même, aussitôt que vous pourrez entrer chez elle.

Il ajouta un louis à son message pour que Mariotte comprît qu'il y avait profit pour elle à s'en bien acquitter.

Puis il revint sur ses pas, en feignant d'apercevoir le baron qui arrivait à lui.

VIII

Le baron l'embrassa cordialement ; mais il avait vu l'échange des lettres, il connaissait la figure de la messagère, il remarquait une certaine agitation chez son hôte ; il l'en plaisanta.

— Ah! tête d'artiste! lui dit-il en rentrant avec lui au château, vous voilà déjà lancé dans un roman. Laissez donc les enfants seuls! Vous n'aurez pas plutôt tourné les talons qu'ils s'envoleront pour le pays de la fantaisie. Moi qui revenais transporté de reconnaissance pour le courage que vous aviez eu de m'attendre dans mon désert!... Ah! vous avez su déjà peupler la solitude, mon bel ermite! Eh bien! c'est beau, cela. Il n'y a qu'une belle femme dans le voisinage, vous la découvrez; c'est une veuve inconsolable, vous la consolez. Ma foi, vous avez été plus habile ou plus hardi que moi. Je me suis cassé le nez à sa porte. Comment diable vous y êtes vous pris? On n'a jamais vu de nonne mieux claquemurée, de princesse ou de fée mieux défendue par les esprits invisibles. Ah! je le devine, votre voix est le cor enchanté qui a terrassé les monstres du désespoir et fait tomber les barrières du souvenir. C'est affaire à vous, mon jeune maître. Je vous en fais d'autant plus mon compliment que c'est un joli parti : vingt et quelques années, pas d'enfants et une fortune de quinze ou vingt mille francs de rente en fonds de terre, ce qui suppose un capital de...

— Elle n'a que cela? s'écria naïvement Arpiani, qui, malgré lui, craignait d'aspirer à une femme assez riche pour s'entendre dire qu'il la recherchait par ambition.

Le baron se méprit sur cette exclamation et répondit en riant :

— Dame! ce n'est pas le Potose, et je vois que vous avez donné dans les gasconnades de sa vieille suivante, une grande bavarde qui vient souvent ici faire la dame, et qui, humiliée de résider dans le taudis du Temple, vante à tout venant les merveilles du château de Larnac, situé, dit-elle, dans le canton de Vaucluse. Le pays est célèbre, j'en conviens, mais, nous autres habitants du Midi, nous savons bien qu'on y donne le nom de château à de maigres pigeonniers. Sachez cela aussi, mon cher enfant, et ne vous laissez pas éblouir par de beaux yeux baignés de larmes. D'autant plus que, je ne sais pas si c'est vrai, et si vous avez été à même de vous en apercevoir, la châtelaine du Temple passe pour être un peu folle.

— Fort bien, reprit Adriani; vous croyez que je songe à m'établir selon les habitudes et les calculs de la vie bourgeoise?

— Mon Dieu, cher ami, pardonnez-moi, dit le baron. Je sais que vous êtes un grand artiste, des plus fiers, incorruptible quand il s'agit de la muse; mais je suis un peu sceptique, vous savez! J'ai cinquante ans, et je sais que le lendemain du jour où l'artiste est riche, il est déjà ambitieux. Pourquoi ne le seriez-vous pas? La fortune n'est qu'un but pour celui qui, comme vous et moi, aspire à de poétiques loisirs... Vous avez dit tout à l'heure un mot qui m'a frappé, étonné, je l'avoue; un mot qui jurait dans votre bouche inspirée...

— Oui, j'ai dit *elle n'a que cela?* et c'était un cri de joie. Ecoutez-moi, cher baron : j'aime cette femme. Je la vois tous les jours, et comme, en gardant le silence, je pourrais la compromettre auprès de vous, puisque vous riez déjà d'une aventure que vous jugez accomplie ou inévitable, je veux tout vous dire, et je jure que ce sera la vérité.

Adriani raconta avec détail, avec fidélité, au baron, tout ce qui s'était passé entre madame de Monteluz et lui.

Le baron l'écouta avec intérêt, s'émerveilla de la rapide invasion d'un amour si entier chez un homme qu'il croyait connaître et que jusque-là il n'avait pas connu jusqu'au fond, et finit par conseiller la prudence à son jeune ami. Le baron était un digne homme et un excellent esprit à beaucoup d'égards, mais la poésie de son âme s'était réfugiée dans ses vers, et la vie de province avait grossi à ses yeux l'importance des choses positives. Délicat dans le domaine des arts, mais en proie à des soucis matériels qu'il cachait de son mieux, il avait, malgré son lyrisme et ses enthousiasmes littéraires et musicaux, contracté quelque chose de la sécheresse des vieux garçons.

Adriani souffrait de lui avoir fait sa confidence, mais il ne se reprocha point. Il s'y était vu forcé pour conserver intacte l'auréole de pureté autour de son idole.

Selon le baron, il n'y avait pas de grande douleur sans un peu d'affectation à la longue. S'il n'osait pas tout à fait dire et penser que madame de Monteluz posait les regrets, il n'en admettait pas moins la probabilité d'un instinct de coquetterie sévèrement drapée dans son deuil. Au fond, il était peut-être un peu piqué de n'avoir pas été reçu et de voir son jeune hôte admis d'emblée. Et puis, il était contrarié de trouver ce dernier préoccupé et absorbé par l'amour, lorsqu'il arrivait chargé d'hémistiches qu'il brûlait naïvement de faire ronfler dans un salon sonore, longtemps veuf d'auditeurs intelligents.

Le baron avait fait des poèmes épiques qui ne l'eussent jamais tiré de l'obscurité s'il ne se fût heureusement avisé de traduire en vers quelques chefs-d'œuvre grecs. Grand helléniste, doué du vers facile et harmonieux, il avait un talent réel pour habiller noblement la pensée d'autrui. Pour son propre compte, il avait peu d'idées, et la forme ne peut couvrir le vide sans cesser d'être forme elle-même. Elle est alors comme un vêtement splendide, flasque et pendant sur un échalas.

Le succès de ses traductions avait presque affligé le baron. Il souriait aux éloges, mais il était humilié intérieurement. Il aspirait toujours à briller par lui-même, et après trente ans de travail assidu et minutieux, il rêvait la gloire et parlait de son avenir littéraire comme un poète de vingt ans. Après de nombreuses tentatives plus estimables qu'amusantes dans des genres différents, il s'était mis en tête de publier un petit recueil de vers choisis intitulé la *Lyre d'Adriani*. Voici quel était son but : Adriani faisait souvent lui-même ses paroles sur sa musique. Il était grand poète sans prétendre à l'être. Une idée simple, mais nette, une déduction logique, un langage harmonieux, qui était lui-même un rhythme tout fait par le chant, c'en était assez, selon lui, pour motiver et porter ses idées musicales. Il avait raison. La musique peut exprimer des idées aussi bien que des sentiments, quoiqu'on en ait dit ; d'autant plus que, pas plus qu'Adriani, nous ne voyons bien la limite où le sentiment devient une idée et où l'idée cesse absolument d'être un sentiment. La rage des distinctions et des classifications a mordu la critique de ce siècle-ci, et nous sommes devenus si savants que nous en sommes bêtes. Mais quand, par le sens éminemment contemplatif qui est en elle, la musique s'élève à des aspirations qui sont véritablement des idées, il faut que l'expression littéraire soit d'autant plus simple, et procède, pour ainsi dire, par la lettre naïve des paraboles. Autrement les mots écrasent l'esprit de la mélodie, et la forme emporte le fond.

En entendant Adriani raisonner sur ce sujet et s'excuser modestement de faire des vers à son propre usage, le baron, qui les trouva trop simples, rêva de lui créer un petit fonds de poésies où il pût puiser ses inspirations musicales. Ayant vu à Paris le succès d'enthousiasme du jeune artiste, il se dit, avec raison, que sa bouche serait pour lui celle de la renommée, et il revint chez lui se mettre à l'œuvre.

Il fallait donc qu'Adriani subît cette

lecture ou plutôt cette declamation, et quand il vit que son hôte souffrait réellement de sa préoccupation, il s'exécuta et lui demanda communication du manuscrit, en attendant l'heure où il lui serait permis d'aller au Temple.

C'était une grande erreur de la part du baron, que de vouloir infuser son souffle au génie le plus individuel et le plus indépendant qu'il fût possible de rencontrer. Dès les premiers mots, Adriani sentit que son âme serait emprisonnée dans cet étui ciselé et diamanté par les mains du baron. Sincère et loyal, il essaya de le lui faire comprendre, tout en lui donnant la part d'éloges qui lui était justement due. L'éternel combat entre le maëstro et le poëte de livret s'en suivit. Le baron n'admettait pas que la description dût être légèrement esquissée et que la musique dût remplir de sa propre poésie le sujet ainsi indiqué.

— Quand vous me peignez en quatre vers l'allouette s'élevant vers le soleil, à travers les brises embaumées du matin, disait Adriani, vous faites une peinture qui ne laisse rien à l'imagination. Or, la musique, c'est l'imagination même ; c'est elle qui est chargée de transporter le rêve de l'auditeur dans la poésie du matin. Si vous me dites tout bonnement l'*alouette monte*, ou l'*alouette vole*, c'est bien assez pour moi. J'ai bien plus d'images que vous à mon service, puisque, dans une courte phrase, je peux résumer le sentiment infini de ma contemplation.

— A votre dire, s'écria le baron, les sons prouvent plus que les mots?

— En politique, en rhétorique, en métaphysique, en tout ce qui n'est pas de son domaine, non certes! mais en musique, oui!

— C'est qu'on n'a pas encore fait de poésie vraiment lyrique dans notre langue, mon cher. Est-ce que les anciens ne chantaient pas des poèmes épiques ? Est-ce que les gondoliers de Venise ne chantent pas l'Arioste et le Tasse ?

— Non pas ! Ils le psalmodient sur un rhythme à la manière des anciens, et c'est un peu comme cela que les faiseurs de romances et de ballades ont rhythmé les vers romantiques de nos jours. Tout le monde peut faire de cette musique-là, tout le monde en fait; mais ce n'est pas de la musique, je vous le déclare. Paix à la cendre d'Hippolyte Monpou et consorts ! Pierre Dupont fait les choses plus ouvertement; il arrange son chant pour ses paroles, auxquelles il donne, avec raison, la préférence. Je donnerai de tout mon cœur le pas dans mon estime à vos vers sur ma musique; mais je ne peux pas faire ma musique pour vos vers. Ils sont trop beaux, si vous voulez, ils sont trop faits. Ils existent trop pour être chantés.

La discussion dura jusqu'au déjeûner et reprit au dessert. Pour en finir, Adriani promit d'essayer; mais la grande difficulté, c'est que le volume devait porter le titre de *Lyre d'Adriani*, et que le baron eût voulu un engagement sérieux de la part de son hôte. — Vous avez de la gloire, lui disait-il, et je suis votre ancien et fidèle ami. J'ai travaillé longtemps pour obtenir le succès que vous avez conquis en deux matins. Vous reconnaissez que je possède le vocabulaire limpide et harmonieux qui ne s'attache pas au gosier du chanteur comme des arêtes de poisson. Vous m'avez dit cent fois que, sous ce rapport-là, j'étais le plus musical des poètes. Aidez-moi donc à enfourcher mon Pégase et soyez le soleil qui dégourdira ses ailes.

— Oui, pensait Adriani, c'est-à-dire que tu voudrais que nous fussions, moi le cheval, et toi le cavalier.

Le baron avait oublié le rendez-vous que son hôte attendait avec une si vive impatience. Adriani fut forcé de le lui rappeler.

— Ah! folle jeunesse, dit le baron, allez donc, courez à votre perte, et oubliez la muse pour la femme; c'est dans l'ordre!

Adriani arriva au Temple deux minutes après midi. Il était tourmenté par le billet de Toinette. Il fallait que madame de Monteluz fût bien souffrante pour garder la chambre, elle si matinale et si active dans sa lenteur inquiète. Peut-être aussi était-ce un symptôme rassurant pour sa guérison morale. Le calme n'est-il pas la santé de l'âme!

Toinette, contre sa coutume, ne vint pas à la rencontre d'Adriani. Le jardin était désert, la maison fermée. Il se hasarda à frapper doucement : rien ne bougea. Il fit le tour et trouva toutes les portes, toutes les fenêtres closes. Il chercha Mariotte, l'unique habitante des bâtiments extérieurs. Elle battait son beurre avec autant de tranquillité que le premier jour où il lui avait parlé.

— Madame n'est pas levée? lui dit-il.

— Pas que je sache, répondit-elle.

— Et Toinette?

— Ma foi, je ne l'ai pas encore vue. Faut qu'elle ait mal dormi, et madame pareillement.

— Vous n'avez donc pas encore pu remettre ma lettre ?

— Non, monsieur; la voilà avec votre louis d'or, sur le bord de l'auge à ma vache. Prenez-les, puisque vous allez voir madame vous-même, et peut-être avant moi.

Adriani reprit la lettre et laissa le louis.

— Eh bien, et ça ? dit Mariotte.

— C'est pour vous.

— Pour moi ? Tiens, pourquoi donc ?...

Adriani était déjà sorti du cellier et retournait vers la maison. Tout à coup une idée le frappa. Il revint sur ses pas.

— Mariotte, dit-il à la fille au front bas, qui examinait son louis en riant toute seule et très haut, à quelle heure mademoiselle Muiron vous a-t-elle donc remis cette lettre pour moi ?

— Ma foi, monsieur, elle m'a réveillée au beau milieu de la nuit pour me dire que, sitôt levée, il faudrait vous la porter.

Je ne sais pas quelle heure il faisait, mais le jour ne se montrait point du tout.

Adriani fut effrayé de cette circonstance. Ou Laure avait été gravement malade dans la nuit, ou le billet avait été écrit d'avance pour retarder, pour éviter peut-être l'entrevue promise.

Il attendit deux mortelles heures dans l'enclos. Son inquiétude devint de l'épouvante. Il entendit enfin du bruit dans la maison. Il chercha une porte ouverte, et vit Mariotte sur celle de la cuisine. Elle riait encore toute seule.

— Qu'avez-vous à rire? lui demanda-t-il; ne craignez vous pas de réveiller madame?

— Ah bah! fit la grosse fille; je la croyais levée. Est-ce que vous ne l'avez pas encore vue? Est-ce quelle n'est point descendue au jardin?

— Non, j'en viens. Mais Toinette est debout, sans doute?

— Je ne sais pas.

— Avec qui parliez-vous donc tout à l'heure?

— Avec mes louis d'or, monsieur.

Dame ! on n'en a pas souvent six dans sa poche. C'est donc le rendez-vous des or ! que je me disais. Madame qui m'en fait donner cinq, cette nuit...

— Elle vous a fait payer vos gages, cette nuit ?

— Oh ! bien plus que mes gages, qui sont de...

— N'importe. Comment vous a-t-on remis cela ? A quelle heure ?

— Quand je vous dis que je n'en sais rien ! Il faisait nuit noire. Mademoiselle

Muiron m'a remis sa lettre pour vous et puis elle a mis cet or-là, qui était dans du papier, sur la chaise à côté de mon lit, en me disant : Mariotte, je viens de faire mes comptes. Je vous apporte votre dû et un petit cadeau de madame, parce qu'elle a été contente de vous. Là-dessus, j'ai dit : C'est bien, et je me suis rendormie sur l'autre oreille sans ouvrir le papier.

— Mais c'est un départ ou un testament ! s'écria Adriani, à qui une sueur froide monta au front.

Et il s'élança dans la maison.

— Ah ! mon Dieu, monsieur, vous me

faites peur! dit Mariotte en le suivant. Est-ce que madame se serait fait mourir ?

Adriani parcourut le rez-de-chaussée. Il trouva le salon comme il l'avait laissé la veille. On ne l'avait pas rangé. Le coussin qu'il avait placé lui-même sous les pieds de Laure était toujours auprès du fauteuil, et le fauteuil près de la cheminée, où il avait fait brûler des pommes de pin pour réchauffer l'atmosphère salpêtrée de l'appartement. Le piano était ouvert. Les bougies avaient brûlé jusqu'à la bobêche.

Mariotte avait été frapper à la chambre

de Toinette. Personne n'avait répondu. Elle y était entrée. Le lit était défait, les armoires ouvertes et vides. Adriani, à cette nouvelle, envoya Mariotte frapper chez Madame de Monteluz. Même silence ; mais Mariotte ne put entrer : on avait emporté la clé de la chambre. Adriani, terrifié, enfonça la porte : même vide, même désertion que chez Toinette.

— Où mettait-on les malles, les cartons de voyage ? dit-il à la servante.

— Là, répondit-elle en entrant dans un cabinet. Ils n'y sont plus ; madame est partie !

Ce mot tomba sur le cœur de l'artiste comme une montagne. Il entendit bourdonner dans ses oreilles comme un beffroi sonnant les funérailles d'un monde écroulé. Il s'assit sur la dernière marche de l'escalier, la tête dans ses mains, tandis que la paysanne insouciante se mettait à balayer philosophiquement les corridors.

FIN DE LA PREMIÈRE PARTIE.

Fontainebleau, Imp. de E. JACQUIN.

ALEXANDRE CADOT

ÉDITEUR

37, rue Serpente, à Paris.

JANVIER 1854.

M

J'ai l'honneur de vous adresser la liste de mes dernières publications.

En vertu de traités avec MM. Alexandre Dumas, A. de Gondrecourt, Paul Meurice, Alexandre Dumas fils, G. de la Landelle, G. Sand, Eugène Sue, marquis de Foudras, Xavier de Montépin, Paul de Kock, Paul Féval, Paul Duplessis, etc., je suis *seul éditeur* de tous leurs nouveaux ouvrages.

Dans l'attente de vos ordres, recevez mes salutations dévouées.

A. CADOT.

NOUVEAUTÉS SOUS PRESSE.

ALEXANDRE DUMAS.

COMTESSE DE CHARNY, tomes XIII, XIV et XV.
CATHERINE BLUM, 2 vol.
MÉMOIRES DE LA PRINCESSE MONACO, 5 vol.
UNE VIE ARTISTE, 2 vol.
CRÉATION ET RÉDEMPTION, 2 vol.
SOUVENIRS DE 1830 A 1840.

XAVIER DE MONTÉPIN.

UN GENTILHOMME DE GRAND CHEMIN, 5 vol.

MARQUIS DE FOUDRAS.

UN AMOUR DE VIEILLARD, 3 vol.
LE DERNIER ROUÉ, 5 vol.

PAUL DUPLESSIS.

LES ÉTAPES D'UN VOLONTAIRE
  2e partie. — Moine et Soldat, 4 vol.
  3e — — M. Jacques, 4 vol.
LE CAPITAINE BRAVADURIA, 2 vol.
LE CAPITAZ RAMIREZ, 4 vol.
UN MONDE INCONNU, 4 vol.

PAUL DE KOCK.

LA BOUQUETIÈRE DU CHATEAU D'EAU, 5 vol.

GONDRECOURT.

MÉMOIRES D'UN VIEUX GARÇON, 5 vol.
UNE FEMME VRAIE, 2 vol.

NOUVEAUTÉS

JANVIER 1854

Un Monsieur très tourmenté, par Paul de Kock (complet) 2 volumes.	10	»
Le baron Lagazette, par A. de Gondrecourt (complet) 5 vol.	22	50
Les Étapes d'un volontaire, par Paul Duplessis, 4 vol.	18	»
Un Drame en famille, par le marquis de Foudras (complet), 5 v.	22	50
Les grands jours d'Auvergne, par Paul Duplessis, 5 vol.	22	50
Les Crimes à la mode, par André Thomas, 2 vol. (complet).	8	»
La famille Aubry } par Paul Meurice, 4 vol. Louspillac et Beautrubin	18	»
Mes Mémoires, par Alex. Dumas, XIX à XXII et derniers, 4 v.	20	»
La famille Jouffroy, par E. Sue, 7 vol. (I et II en vente).	35	»
Le Tueur de tigres, par Paul Féval, 2 vol.	8	»
Aventures du prince de Galles, par Léon Gozlan, 5 vol.	22	50
Le Mauvais monde, par Adrien Robert, 2 vol.	8	»
Trois Reines, par Saintine, 2 vol.	9	»
Mademoiselle de Cardonne, par A. de Gondrecourt, 3 vol.	13	50
Les Valets de cœur, par Xavier de Montépin, 3 vol.	13	50
Sous trois Rois, par Alexandre Delavergne, 2 vol.	9	»
Les Étuvistes, par Paul de Kock, 8 vol.	40	»
Un beau Cousin, par Maximilien Perrin, 2 vol.	8	»
Les Parvenus, par Paul Féval, 3 vol.	12	»
Le Neuf de pique, par la comtesse Dash, 6 vol.	24	»
Le Pasteur d'Ashbourn, par Alexandre Dumas, 8 vol.	40	»

NOUVEAUTÉS DIVERSES.

Mémoires d'un bourgeois de Paris, par le docteur Véron,
4 vol. (2 en vente). . . . . 9 »

Mémoires de Bilboquet, par un Bourgeois de Paris, 3 vol.
in-18 (2 en vente). 5 50

La Dame aux perles, par Alexandre Dumas, fils, 1 vol. in-18. 3 »

Les Mystères de la famille, par Élie Berthet, 3 vol. . . . 12 »

Le Fil d'Ariane (fin des *Viveurs de Paris*), par Xavier de
Montépin, 3 vol. 13 50

Le prince indien (fin des *Coulisses du monde*), par Ponson du
Terrail, 2 vol. . . . . 8 »

Job le rôdeur, par Paul Féval, 2 vol. . . . . 8 »

Le Puits de l'ardoisière, par Prosper Viallon, 2 vol. . . 8 »

Marie, par Prosper Viallon, 2 vol. . . . . 8 »

Thelesbar de la Guillermie, par Prosper Viallon, 2 vol. 8 »

Les Mystères du vieux Paris, par Pierre Zaccone, 3 vol. . 12 »

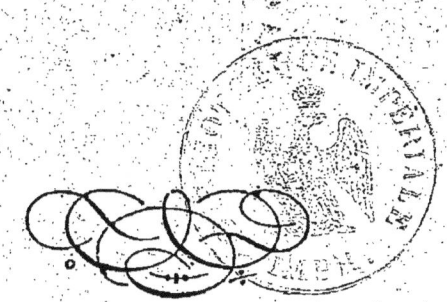

Fontainebleau, imp. de E. Jacquin.

Ouvrages de Gondrecourt.

Le baron Lagazette	5
Le chevalier de Pampelonne	5
Mademoiselle de Cardonne	5
Les Prétendans de Catherine	5
La Tour de Dago	5
Le Bout de l'oreille	7
Un Ami diabolique	3 vol.
Médine	2 vol.
La Marquise de Candeuil	2 vol.
Le Légataire	2 vol.
Le dernier des Kerven	2 vol.
Les Péchés mignons	5 vol.

Ouvrages divers.

Le Coureur des bois, par Gabriel Ferry	7 vol.
Les Crimes à la mode, par André Thomas	2 vol.
Le Mauvais Monde, par Adrien Robert	2 vol.
Une Nichée de Tartufes, par Villeneuve	3 vol.
La famille Aubry, par Paul Meurice	3 vol.
Louspillac et Beautrubin, par le même	1 vol.
Le Tueur de Tigres, par Paul Féval	2 vol.
Une Vieille Maitresse, par Barbey d'Aurevilly	3 vol.
Les Princes d'Ebène, par G. de la Landelle	5 vol.
L'Honneur de la famille, par le même	2 vol.
Un Beau Cousin, par Maximilien Perrin	2 vol.
Le Roman d'une femme, par A. Dumas fils	4 vol.
Faustine et Sydonie, par Mme Charles Reybaud	3 vol.
Le Mari confident, par madame Sophie Gay	2 vol.
Georges III, par Léon Gozlan	3 vol.
Sous trois rois, par Alexandre de Lavergne	2 vol.
Trois reines, par X. B. Saintine	2 vol.

Fontainebleau, imp. de E. Jacquin.